초등학생을 위한
바른 손글씨
과학 330

지구·생물·인체
필수 단어

도서출판 큰그림

초등학생을 위한
바른 손글씨 과학 330 – 지구·생물·인체 필수 단어

초판 발행 · 2019년 5월 10일
초판 2쇄 발행 · 2022년 2월 15일

지은이 편집부
펴낸이 이강실
펴낸곳 도서출판 큰그림
등 록 제2018-000090호
주 소 서울시 마포구 양화로 133 서교타워 1703호
전 화 02-849-5069
팩 스 02-6004-5970
이메일 big_picture_41@naver.com

디자인 예다움
인쇄와 제본 미래 피앤피

가격 8,500원
ISBN 979-11-964590-4-8 73490

- 잘못된 책은 구입한 서점에서 바꿔 드립니다.
- 이 책의 저작권은 도서출판 큰그림에 있으므로 실린 글과 그림을 무단으로 복사, 복제, 배포하는 것은 저작권자의 권리를 침해하는 것입니다.
- 이 책에 사용된 일부 낱말의 뜻은 〈표준국어대사전〉을 참조하였습니다.
- 사진과 그림 출처 : Getty Images Bank

 **머리말**

요즘 어린이들은 컴퓨터를 활용한 문서 작성(Word)이나 프레젠테이션(PPT) 발표 형식의 수업 방식에 길들여져서 글씨 모양이 악필인 경우가 많습니다. 그리고 갑자기 어려워지는 초등 **과학** 과목의 경우 잘 접하지 않은 생소한 단어가 많아서 어려운 과목으로 생각할 수 있습니다.

그래서 이 두 가지 문제를 한 번에 잡았습니다.
「**바른 손글씨 과학 330**」은 **지구 · 생물 · 인체 등**의 과학 필수 단어와 문장을 바르고 예쁘게 두세 번씩 반복해 쓰면서 단순한 손글씨 쓰기 연습뿐만 아니라 글씨 교정과 함께 과학 과목과 좀 더 친근해질 수 있도록 도와줍니다.

이 책에서는 경쾌하고 깔끔한 **고딕체**로 쓰기 연습을 하게 됩니다. 따라서 명조체와는 다른 필체로 단순하면서도 깔끔한 나만의 서체를 만들어 보세요.

초등학생 때 손글씨를 바르고 예쁘게 쓰도록 잡아 줘야 중·고등학생이 되었을 때 주관식 서술형 문제나 논술시험에서도 좋은 점수를 얻을 수 있습니다. 또한 이 책의 과학 낱말들은 중학교 과정과 연계되어 있습니다.

이 책은 우리 아이들이 한 권을 모두 끝낸 후 성취감까지 얻을 수 있도록 내용과 분량을 부담스럽지 않게 조절했습니다. 이 한 권의 손글씨 책이 초등학생들에게 매우 유익한 도움이 되길 바랍니다.

편집부 일동

이 책의 구성

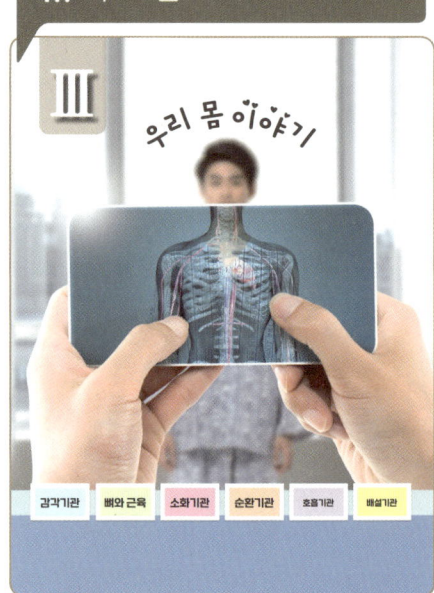
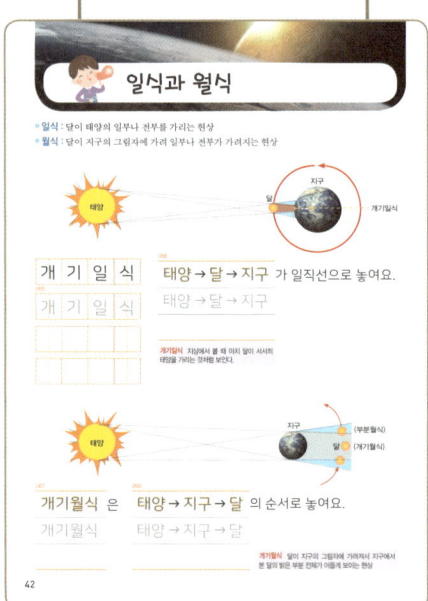
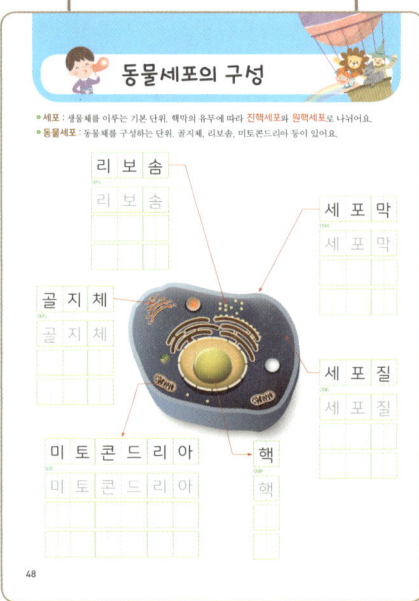
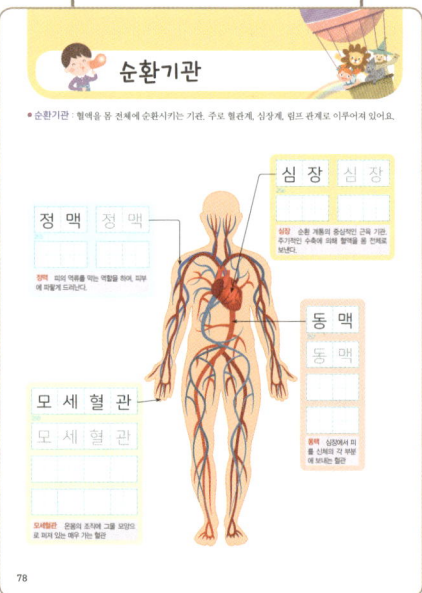

I. 지구의 구성 요소에서는 기권, 수권, 지권, 외권에 대한 중요 단어를 반복해서 쓸 수 있습니다.

II. 생물에서는 동물, 식물, 곤충 등 새롭게 접하는 단어와 문장을 그림과 함께 이해하며 두세 번씩 쓰면서 친숙해집니다.

III. 우리 몸 이야기에서는 몸속 구조와 명칭, 역할을 그림으로 살펴보고 단어와 문장을 두세 번씩 쓰면서 기억합니다.

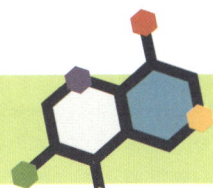

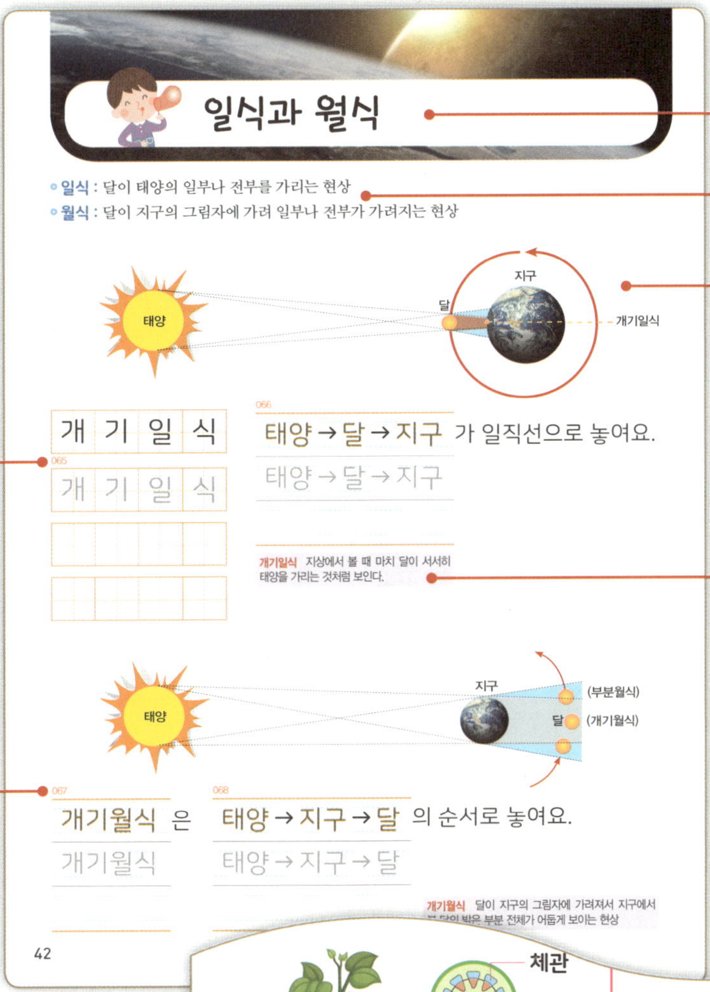

일식과 월식

- **일식** : 달이 태양의 일부나 전부를 가리는 현상
- **월식** : 달이 지구의 그림자에 가려 일부나 전부가 가려지는 현상

→ 제목
→ 학습할 단어와 설명
→ 알기 쉽게 그림으로 설명

개기일식

태양 → 달 → 지구 가 일직선으로 놓여요.

개기일식 지상에서 볼 때 마치 달이 서서히 태양을 가리는 것처럼 보인다.

→ 단어의 보충 설명

001~330까지 이 책에서 쓰고 암기해야 할 단어와 문장 번호

개기월식 은 태양 → 지구 → 달 의 순서로 놓여요.

개기월식 달이 지구의 그림자에 가려져서 지구에서 부분의 밝은 부분 전체가 어둡게 보이는 현상

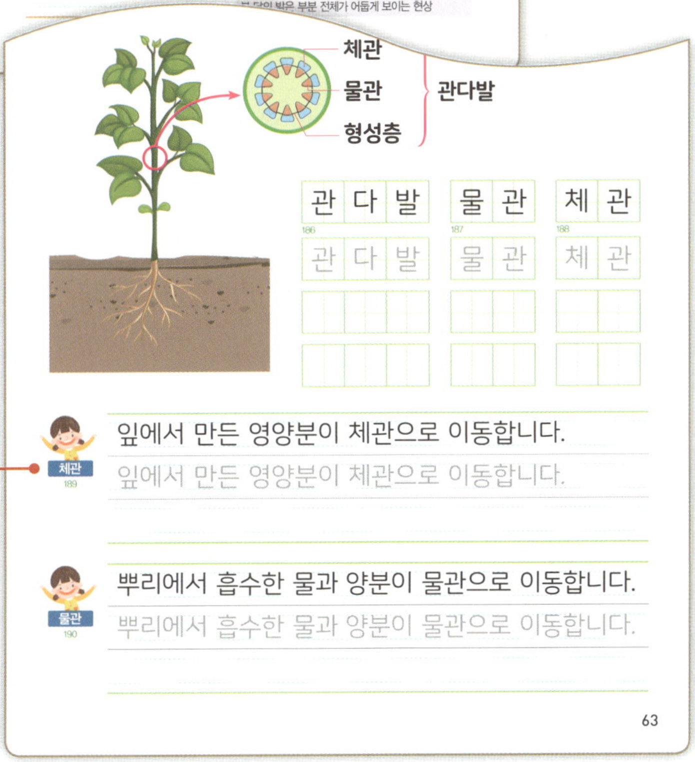

42

관다발 / 물관 / 체관

잎에서 만든 영양분이 체관으로 이동합니다.

뿌리에서 흡수한 물과 양분이 물관으로 이동합니다.

→ 과학 단어의 역할, 기능 등을 알기 위해 문장을 두 번 따라 씁니다.

63

차 례

준비운동

선 긋기 연습	10
자음과 모음 쓰기 연습	12
고딕체 한 글자 쓰기 연습	14
고딕체 크기에 따라 단어 쓰기 연습	21

I 지구의 구성 요소

지구계의 구성	27
기권(대기권)	28
구름의 종류	29
날씨에 영향을 주는 기단	30
전선과 날씨의 관계	32
일기도	33
일기 기호	34
지구의 내부 구조	35
지각의 구성 물질	36
퇴적암	37
화성암	38
현무암과 화강암의 특징	39
변성암	40
지구의 자전과 공전	41
일식과 월식	42
태양계	43

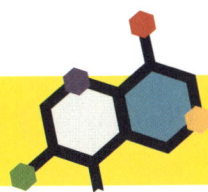

II 생물

생물과 무생물 45
동물의 특징 46
식물의 특징 47
동물 세포의 구성 48
식물 세포의 구성 50

동물의 분류 52
척추동물의 종류 53
척추동물의 특징 54
무척추동물의 종류 55

곤충의 생김새 56
곤충의 완전 탈바꿈 57
곤충의 불완전 탈바꿈 58

식물의 분류 59
식물의 구조 62
뿌리 63
줄기의 생김새 64
줄기의 기능 65
잎 66
잎의 기능 67
꽃의 구조 68
식물의 한살이 70

차 례

III 우리 몸 이야기

우리 몸의 구성 ·········· 73
감각 기관 ·········· 74
소화 기관 ·········· 75
소화 기관의 역할 ·········· 76
몸을 구성하는 영양소 ·········· 78
영양소의 기능 ·········· 79
순환 기관 ·········· 80
심장의 역할 ·········· 81
심장의 구조 ·········· 82
혈액의 순환 과정 ·········· 84
혈액의 구성 ·········· 85
혈액의 기능 ·········· 86
호흡 기관 ·········· 87
배설 기관 ·········· 88
신경계 ·········· 89
뉴런 ·········· 90

SPECIAL

물질의 상태(고체, 기체, 액체) ·········· 92

바르게 글씨 쓰는 자세와 연필 잡는 방법

글씨 쓸 때 **바른 자세**로 앉는 방법

- 허리를 펴서 의자 등받이에 붙입니다.
- 엉덩이는 의자 끝에 닿게 합니다.
- 두 발은 가지런히 모읍니다.
- 책과 눈의 거리가 30cm 이상 떨어지게 유지합니다.

바르게 연필 잡는 방법

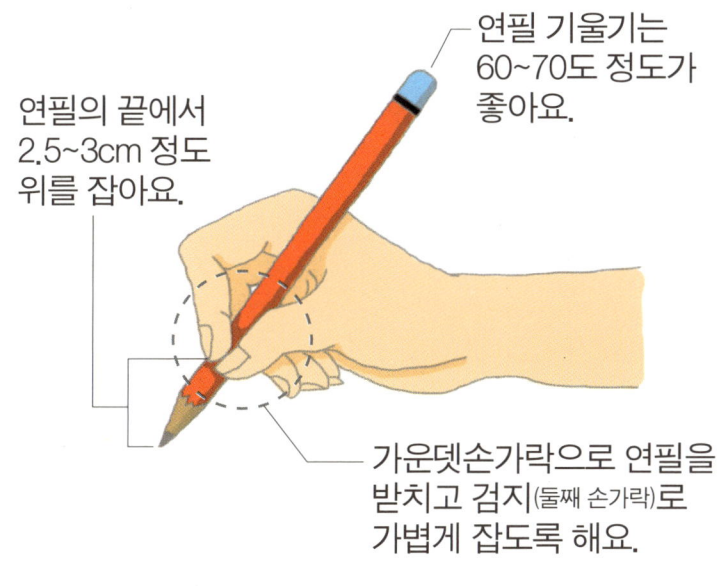

연필의 끝에서 2.5~3cm 정도 위를 잡아요.

연필 기울기는 60~70도 정도가 좋아요.

가운뎃손가락으로 연필을 받치고 검지(둘째 손가락)로 가볍게 잡도록 해요.

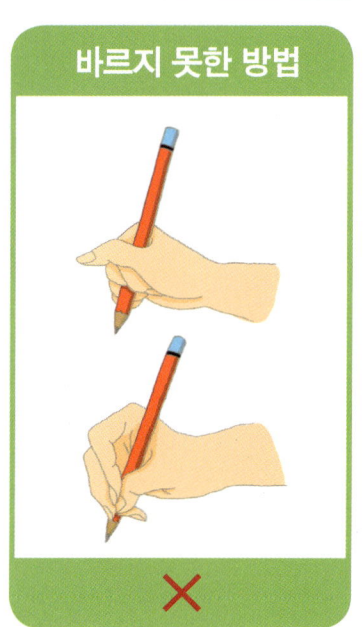

바르지 못한 방법

✗

준비운동 1 선 긋기 연습

연필을 가볍게 잡고 손에 힘을 뺀 상태에서 선 긋기 연습을 해 보세요.

가장 기본이 되는 선 긋기는 가로 선, 세로 선, 빗금, 둥근 선으로 이루어진 기본 한글 모양을 연습하는 과정이랍니다.

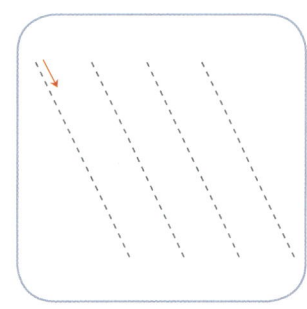
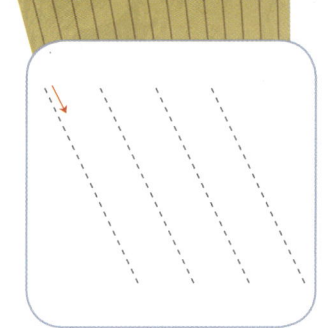

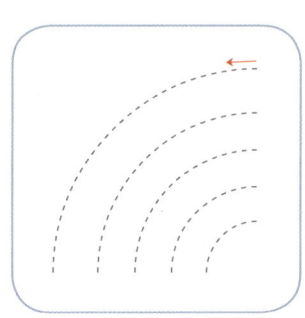
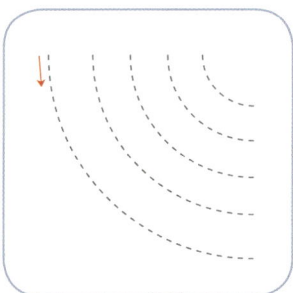
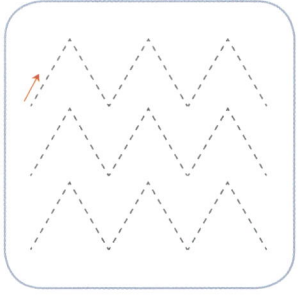
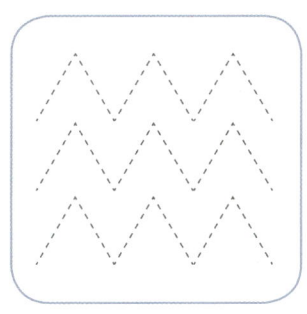
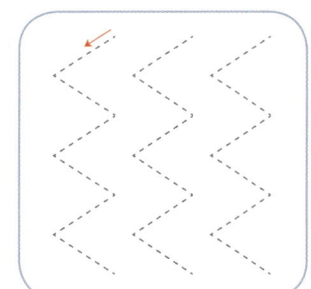
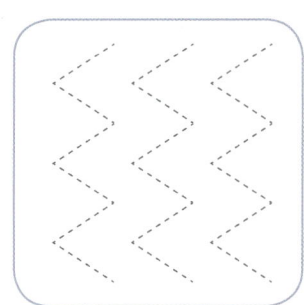
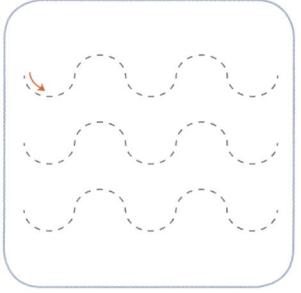
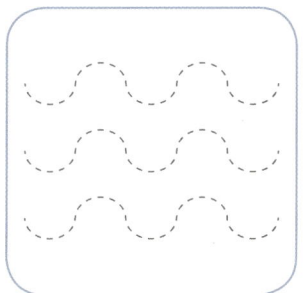
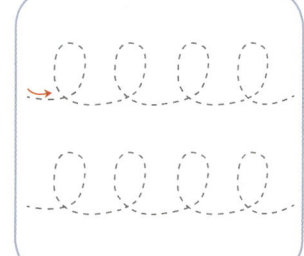
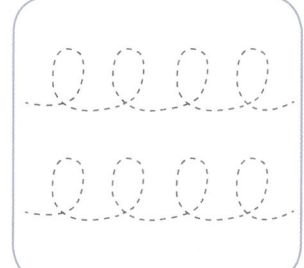

준비운동 2 자음과 모음 쓰기 연습

ㄱ	ㄱ										
ㄴ	ㄴ										
ㄷ	ㄷ										
ㄹ	ㄹ										
ㅁ	ㅁ										
ㅂ	ㅂ										
ㅅ	ㅅ										
ㅇ	ㅇ										
ㅈ	ㅈ										
ㅊ	ㅊ										
ㅋ	ㅋ										
ㅌ	ㅌ										
ㅍ	ㅍ										
ㅎ	ㅎ										

자음 : 목, 입, 혀 등의 발음 기관에 의해 구강 통로가 좁아지거나 완전히 막히는 등의 장애를 받으며 나는 소리. ㄱ, ㄴ, ㄷ, ㄹ, ㅁ, ㅂ, ㅅ, ㅇ, ㅈ, ㅊ, ㅋ, ㅌ, ㅍ, ㅎ 등을 '자음' 또는 '닿소리'라고 해요.

모음 : 성대의 진동을 받은 소리가 목, 입, 코를 거쳐 나오면서 해당 통로가 좁아지거나 완전히 막히는 등의 장애를 받지 않고 나는 소리. ㅏ, ㅑ, ㅓ, ㅕ, ㅗ, ㅛ, ㅜ, ㅠ, ㅡ, ㅣ, ㅐ, ㅘ, ㅝ 등을 '모음' 또는 '홀소리'라고 해요.

고딕체 한 글자 쓰기 연습

ㄱ

가	가					거	거			
고	고					구	구			
그	그					기	기			

까	까			꺼	꺼			꼬	꼬		
과	과			괘	괘			꿔	꿔		
각	각			걷	걷			꿀	꿀		

ㄴ

나	나					너	너			
노	노					누	누			
느	느					니	니			

놔	놔			뇌	뇌			뉘	뉘		
낙	낙			낱	낱			널	널		
넝	넝			눕	눕			났	났		

고딕체 자음과 모음 쓰기 연습

고딕체 자음과 모음 쓰기 연습

ㅈ

자	자					저	저			
조	조					주	주			
즈	즈					지	지			

짜	짜		쭈	쭈		찌	찌
좌	좌		줘	줘		쫴	쫴
작	작		젖	젖		쫓	쫓

ㅊ

차	차					처	처			
초	초					추	추			
츠	츠					치	치			

촤	촤		춰	춰		취	취
착	착		찹	찹		철	철
출	출		찼	찼		칰	칰

ㅋ 카 카　　커 커
코 코　　쿠 쿠
크 크　　키 키
콰 콰　쿼 쿼　퀴 퀴
칵 칵　칼 칼　컴 컴
캔 캔　켰 켰　쾽 쾽

ㅌ 타 타　　터 터
토 토　　투 투
트 트　　티 티
톼 톼　퉈 퉈　튀 튀
탁 탁　탐 탐　털 털
틈 틈　텔 텔　튔 튔

고딕체 자음과 모음 쓰기 연습

ㅍ

파	파				
포	포				
프	프				

퍼	퍼				
푸	푸				
피	피				

폐	폐	
팍	팍	
폈	폈	

퐈	퐈	
팝	팝	
퐁	퐁	

풔	풔	
펜	펜	
필	필	

ㅎ

하	하				
호	호				
흐	흐				

허	허				
후	후				
히	히				

화	화	
학	학	
흡	흡	

훠	훠	
헌	헌	
핸	핸	

휘	휘	
훌	훌	
활	활	

고딕체 크기에 따라 단어 쓰기 연습

| 빨강 |
| 주황 |
| 노랑 |
| 초록 |
| 파랑 |
| 남색 |
| 보라 |
| 자주 |
| 하양 |
| 검정 |

고딕체 크기에 따라 단어 쓰기 연습

긍정 긍정

독서 독서

명상 명상

숲길 숲길

여행 여행

요가 요가

음악 음악

축구 축구

행복 행복

휴가 휴가

깨끗한 깨끗한

내추럴 내추럴

세련된 세련된

우아한 우아한

은은한 은은한

캐주얼 캐주얼

클래식 클래식

현대적 현대적

고딕체 크기에 따라 단어 쓰기 연습

가람 : '강'의 옛말

노을 : 해가 뜨거나 질 무렵, 하늘이 햇빛에 물들어 벌겋게 보이는 것

다솜 : '사랑'을 뜻하는 옛말

라온 : '즐거운'을 뜻하는 옛말

마루 : '하늘'을 뜻하는 옛말

비애 : 슬퍼하고 서러워함

아람 : 충분히 익은 열매

윤슬 : 햇빛 또는 달빛에 비치어 반짝이는 잔물결

아름다운 우리말

| 그 | 린 | 비 | 그 | 린 | 비 |

그린비 : '그리운 남자'를 뜻하는 우리말

| 꽃 | 구 | 름 | 꽃 | 구 | 름 |

꽃구름 : 여러 가지 빛깔을 띤 아름다운 구름

| 그 | 루 | 잠 | 그 | 루 | 잠 |

그루잠 : 깨었다가 다시 든 잠

| 나 | 르 | 샤 | 나 | 르 | 샤 |

나르샤 : '날아오르다'의 옛말

| 나 | 비 | 잠 | 나 | 비 | 잠 |

나비잠 : 갓난아이가 두 팔을 머리 위로 벌리고 자는 잠

| 살 | 갑 | 다 | 살 | 갑 | 다 |

살갑다 : 마음씨가 상냥하다.

| 오 | 롯 | 이 | 오 | 롯 | 이 |

오롯이 : 모자람 없이

| 희 | 나 | 리 | 희 | 나 | 리 |

희나리 : 약간 젖은 장작

I. 지구의 구성 요소

기권 (氣圈)
지구를 둘러싸고 있는 대기의 범위로, 지상으로부터 약 1,000km까지이다. 온도의 분포에 따라 밑에서부터 대류권, 성층권, 중간권, 열권으로 나눈다. ⑧대기권

수권 (水圈)
지구 표면에 물이 차지하는 부분. 지구 표면의 약 74%가 물이나 얼음으로 덮여 있으며, 그중 바다가 약 70%를 차지한다. ㉠물테, 수계

지권 (地圈)
기권(氣圈), 수권(水圈)을 제외한 지구의 고체 부분 ㉠지리권

생물권 (生物圈)
생물과 이들이 사는 범위로, 물속이나 땅속, 공중 등에 걸쳐 있다.

외권 (外圈)
기권의 바깥인 우주를 가리킨다. ⑧외기권

지구계의 구성

기권 = 대기권

기권   대기권

지권

지권

수권

수권

외권

외권

생물권

생물권

기권(대기권)

- **기권** : 지구를 둘러싸고 있는 대기의 범위로, 지상으로부터 약 1,000km까지입니다. 온도의 분포에 따라 아래쪽부터 **대류권**, **성층권**, **중간권**, **열권**으로 나누어요.

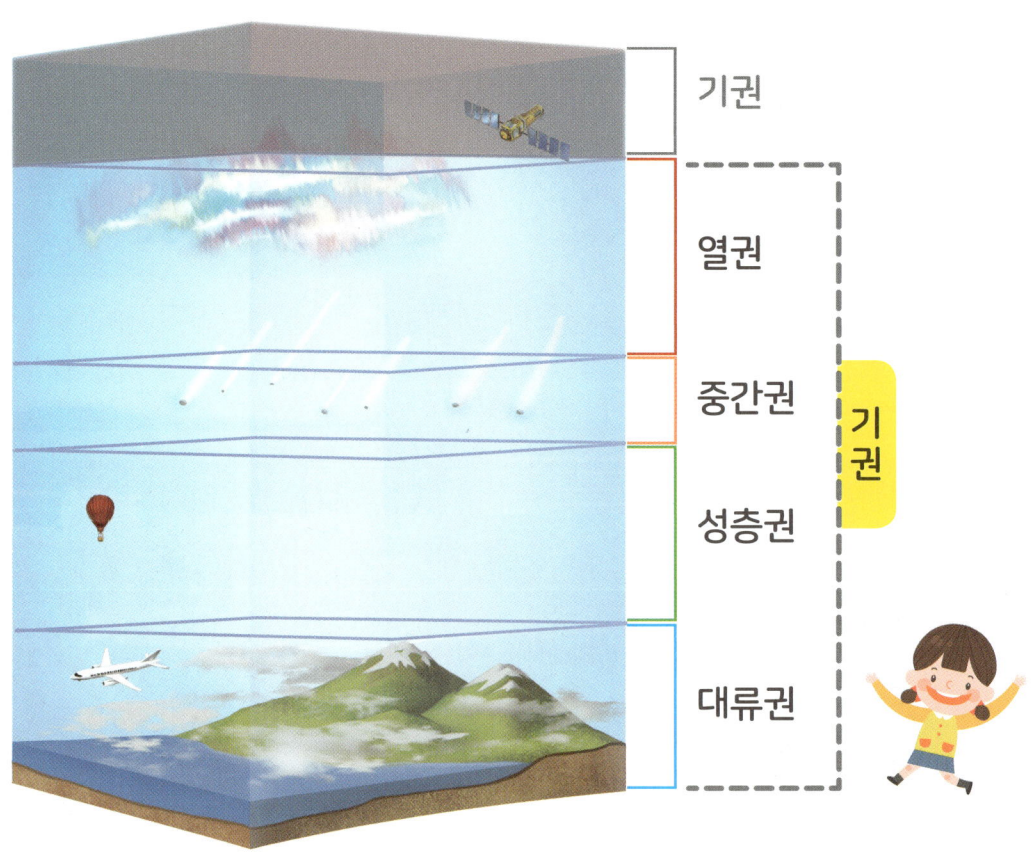

대	류	권
006

성	층	권
007

중	간	권
008

열	권
009

대류권 기권의 최하층으로, 우리는 이 대류권에 살고 있다. 구름과 비, 태풍 등의 날씨 현상이 일어난다.

구름의 종류

- **구름** : 공기 중의 수분이 엉기어서 미세한 물방울이나 얼음 결정의 덩어리가 되어 공중에 떠 있는 것을 말해요. 구름의 모양을 보고 날씨를 예측하기도 하는데, 우리나라도 다른 나라처럼 구름의 생긴 모양을 보고 이름을 붙였어요.

010

권운 푸른 하늘에 높이 떠 있는 하얀 섬유 모양의 구름. 높이 5~13km 사이, 기온 영하 20℃ 이하인 곳에 나타난다. 얼음 결정이 모여 생긴 것으로, 해나 달 주위에 끼면 무리가 나타나기도 한다. ㉤새털구름, 털구름

011
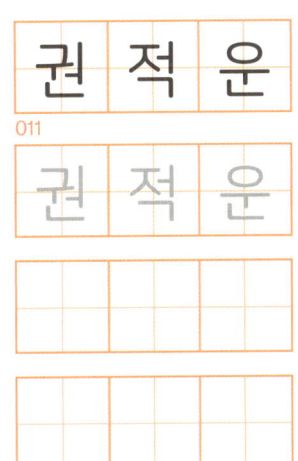

권적운 높은 하늘에 그늘이 없는 희고 작은 구름 덩이가 촘촘히 흩어져 나타나는 구름으로 높이 5~13km 사이에 나타난다. 구름을 통하여 해나 달의 위치를 알 수 있을 만큼 엷다. ㉤비늘구름, 조개구름, 털쌘구름

012
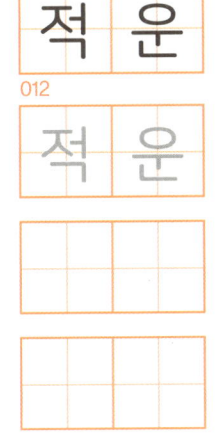

적운 수직으로 만들어지는 구름의 하나. 뭉게뭉게 피어올라 윤곽이 확실하게 나타나는 구름. 밑은 평평하고 꼭대기는 솜을 쌓아 놓은 것처럼 뭉실뭉실한 모양이며, 햇빛을 받으면 하얗게 빛난다. 무더운 여름에 상승 기류 때문에 보통 2km 높이에서 생기는데, 발달한 구름 꼭대기는 10km에 이르는 경우도 있으며, 비는 내리지 않는다. ㉤뭉게구름, 산봉우리구름, 쌘구름

013

난층운 오랜 시간 계속 비나 눈을 내리는 검은 회색의 두꺼운 구름. 높이 2~7km에 분포하며 온 하늘을 뒤덮는다. ㉤비층구름

날씨에 영향을 주는 기단

시베리아기단
014
시베리아기단

시베리아 기단 겨울철에 시베리아와 중국 동북부 지역에서 발생하는 대륙성(大陸性) 차가운 기단. 이 기단이 우리나라 겨울철의 기후를 결정한다.

양쯔강기단
015
양쯔강기단

양쯔강 기단 양쯔강 유역에서 발생하는 대륙성 따뜻한 기단. 봄철과 가을철에 많이 형성되며, 이동성 고기압(高氣壓)이 되어 우리나라에 맑은 날씨를 가져온다.

- **기단 :** 수평 방향으로 거의 같은 성질을 가진 공기 덩어리로, 넓은 지역에 걸쳐 있어요. 처음에 생긴 곳에 따라 **북태평양 기단, 오호츠크해 기단, 양쯔강 기단, 적도 기단** 등이 있어요.

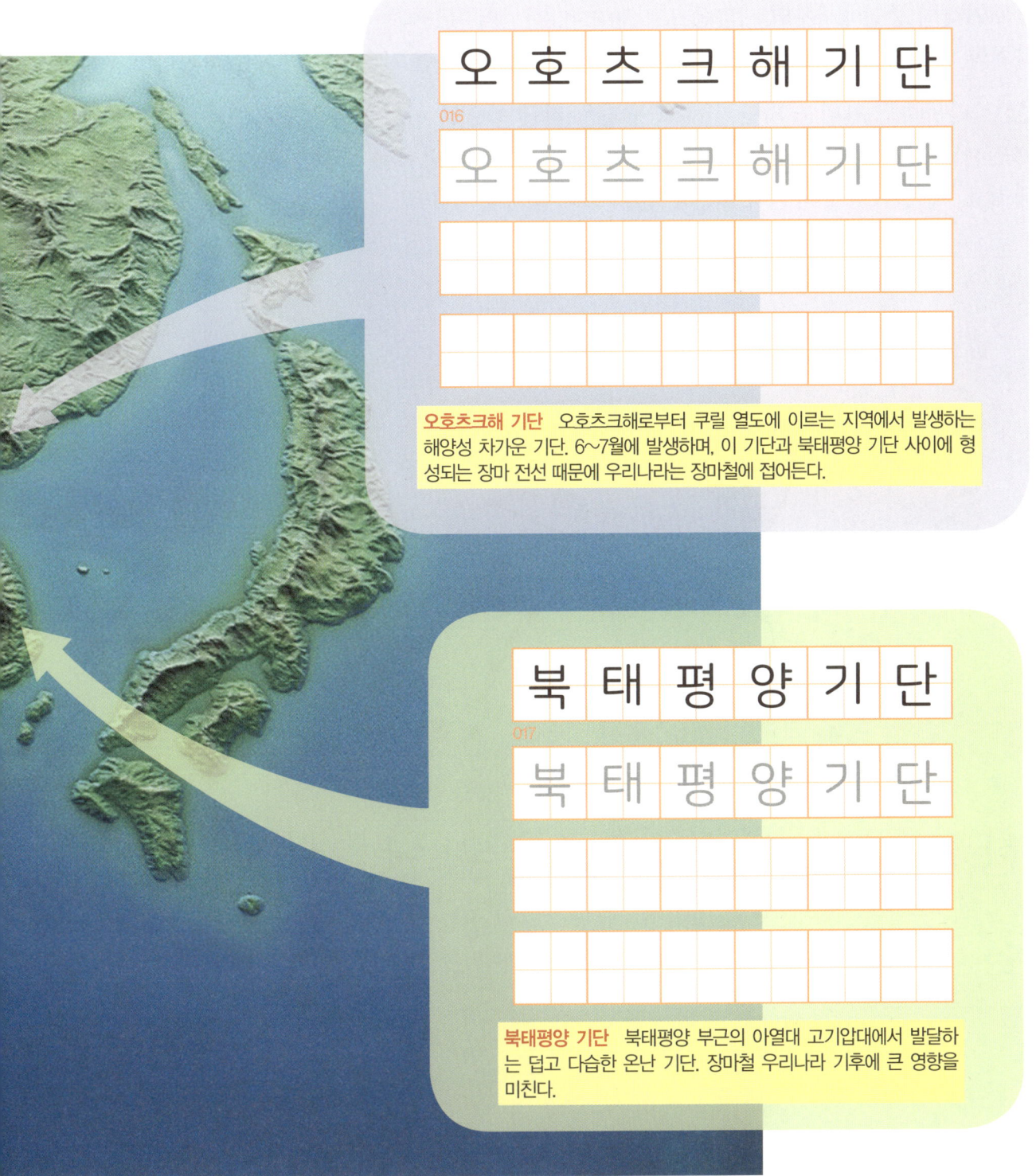

오호츠크해 기단
016
오호츠크해 기단

오호츠크해 기단 오호츠크해로부터 쿠릴 열도에 이르는 지역에서 발생하는 해양성 차가운 기단. 6~7월에 발생하며, 이 기단과 북태평양 기단 사이에 형성되는 장마 전선 때문에 우리나라는 장마철에 접어든다.

북태평양 기단
017
북태평양 기단

북태평양 기단 북태평양 부근의 아열대 고기압대에서 발달하는 덥고 다습한 온난 기단. 장마철 우리나라 기후에 큰 영향을 미친다.

전선과 날씨의 관계

- **한랭전선 :** 차가운 기단이 따뜻한 기단을 밀어 올리고 이동하여 가는 곳에 나타나는 전선. 북반구에서는 저기압의 중심에서부터 서남쪽으로 뻗으며, 전선의 부근에는 풍향과 풍속이 갑자기 변하고 소나기와 뇌우를 동반하는 경우가 많아요. 이 전선이 통과하면 기온이 갑자기 떨어집니다.

- **온난전선 :** 따뜻하고 가벼운 기단이 차고 무거운 기단 쪽으로 이동하여 불연속면을 타고 그 위로 오르면서 형성되는 전선. 이동 속도가 매우 느리고, 넓은 범위에 구름을 형성하여 오랫동안 비를 내려요. 이 전선이 통과한 후에는 기온이 크게 상승합니다.

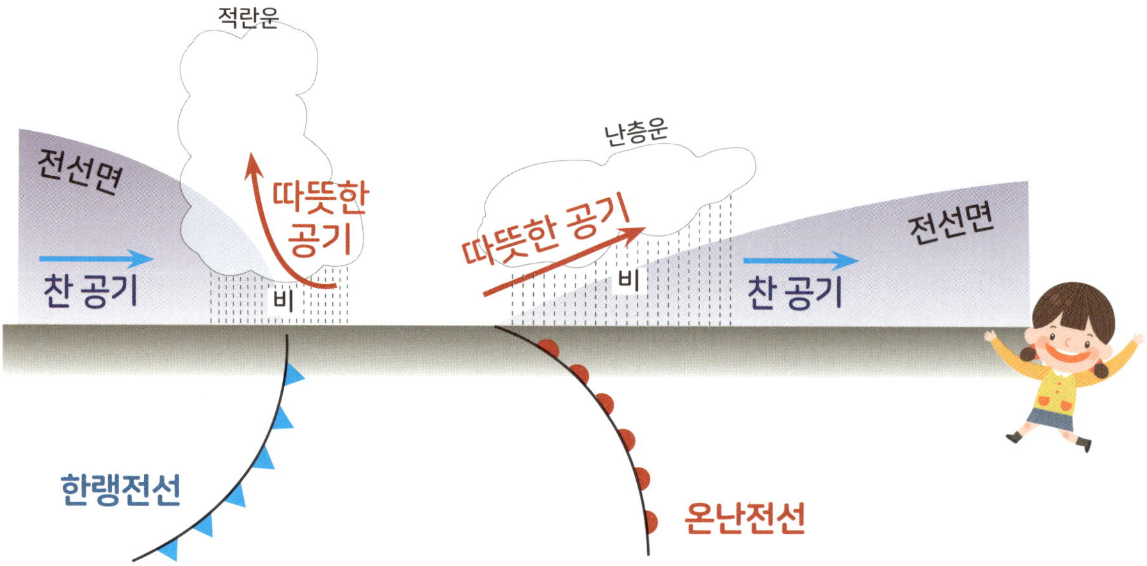

한	랭	전	선

018

한	랭	전	선

온	난	전	선

019

온	난	전	선

일기도

○ **일기도** : 어떤 지역의 일정한 시각 또는 시간대의 날씨 상태를 나타낸 그림. 기온, 기압, 풍향, 풍속 등을 측정하여 등압선, 등온선, 등편차선으로 표시해요.

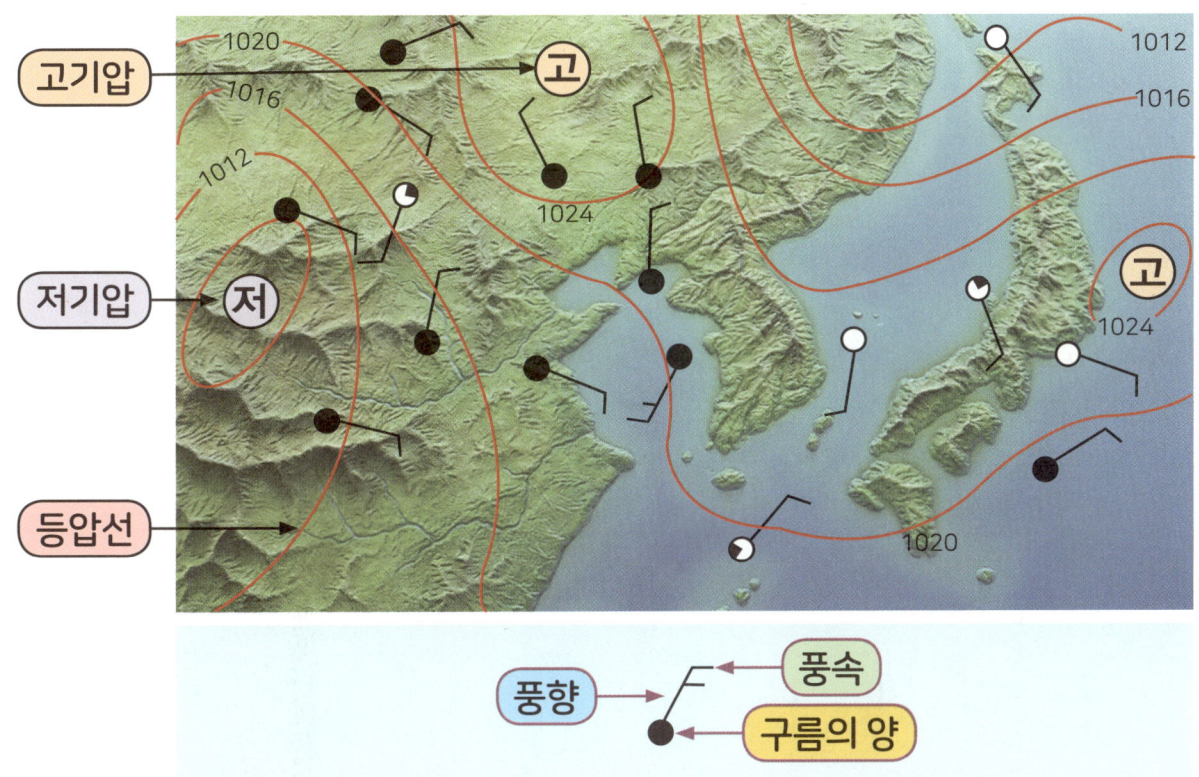

- **고기압** 높이가 같은 주위보다 기압이 높은 영역으로, 하강 기류가 생겨 날씨가 맑다.
- **저기압** 높이가 같은 주위보다 기압이 낮은 영역으로, 상승 기류가 생겨 비가 자주 내린다.

33

일기 기호

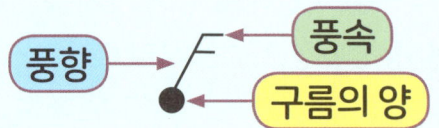

025
○ 맑음　○ 맑음

026
◐ 구름조금　◐ 구름조금

027
◐ 구름많음　◐ 구름많음

028
● 흐림　● 흐림

029
☰ 안개　☰ 안개

030
✳ 눈　✳ 눈

031
⚡ 뇌우　⚡ 뇌우

032
⊔ 서리　⊔ 서리

033
🌀 태풍　🌀 태풍

034
▽ 소나기　▽ 소나기

지구의 내부 구조

- **지각(땅껍질)** : 지구의 바깥쪽을 차지하는 부분으로, 대륙 지역에서는 평균 35km, 대양 지역에서는 5~10km의 두께를 말해요.
- **맨틀** : 지구 내부의 핵과 지각 사이에 있는 부분으로, 지구 부피의 83%, 질량으로는 68%를 차지해요.

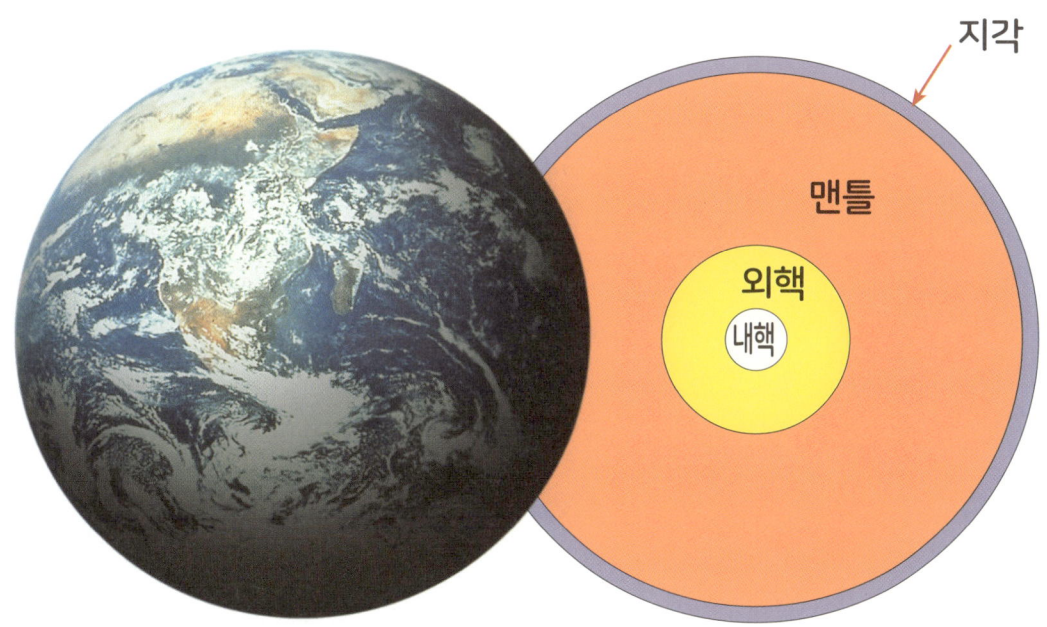

| 지 | 각 | | 맨 | 틀 | | 외 | 핵 | | 내 | 핵 |

지각의 구성 물질

지각 — 암석 — 광물 — 원소

- **암석**: 지각을 구성하고 있는 단단한 물질. 크게 **화성암**, **퇴적암**, **변성암**으로 나누어요.
- **광물**: 암석을 이루는 하나하나의 작은 알갱이.
- **원소**: 물질을 이루는 기본적인 요소.

지각	암석	광물	원소
039	040	041	042

암석의 종류

퇴적암	화성암	변성암
043	044	045

퇴적암

암석의 종류: 퇴적암 | 화성암 | 변성암

○ **퇴적암** : 암석의 파편 등이 물이나 빙하, 바람 등의 작용으로 운반되어 일정한 곳에 쌓이는 일을 **퇴적**이라 하고, 이러한 퇴적작용으로 만들어진 암석을 **퇴적암**이라고 해요.

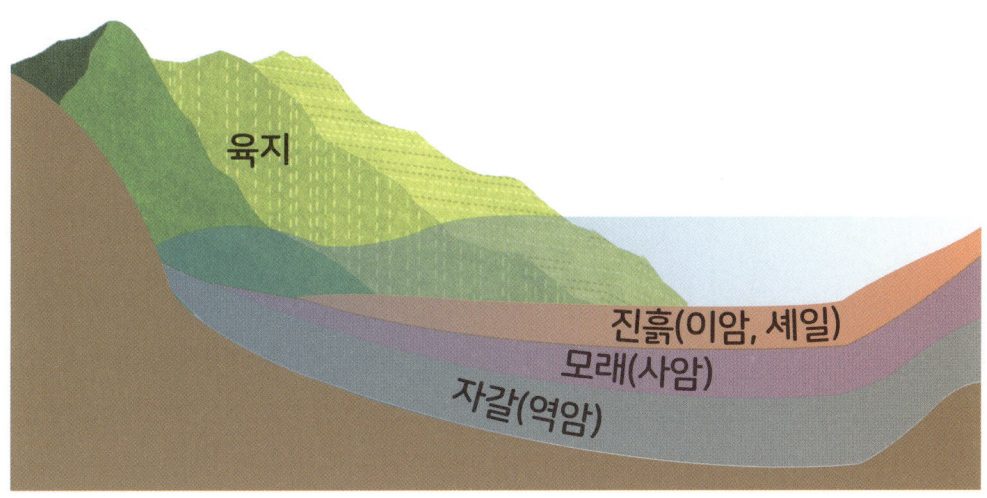

역 암	사 암	이 암	셰 일
046	047	048	049
역 암	사 암	이 암	셰 일

- **역암** 크기가 큰 자갈이 30% 이상 섞여 만들어진 퇴적암
- **사암** 주로 모래가 뭉쳐서 단단하게 굳어진 암석
- **이암** 미세한 진흙이 쌓여서 딱딱하게 굳어진 암석
- **셰일** 점토(粘土)가 굳어져서 이루어진 퇴적암

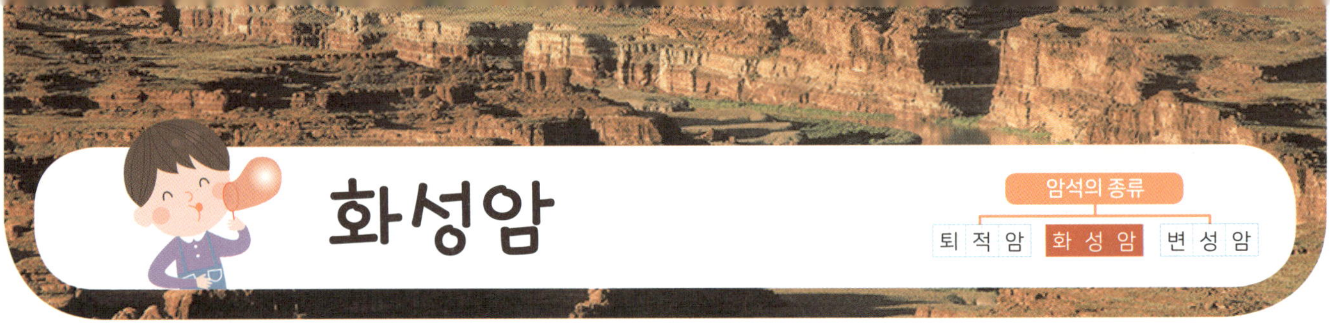

화성암

암석의 종류

퇴 적 암 | 화 성 암 | 변 성 암

- **화성암** : 마그마가 식어서 굳어져 이루어진 암석을 통틀어 이르는 말. 땅 표면 가까이에서 굳은 것은 **화산암**, 땅속 깊은 곳에서 굳은 것은 **심성암**, 이 둘의 중간 지점에서 굳은 것은 **반심성암**이라고 해요.

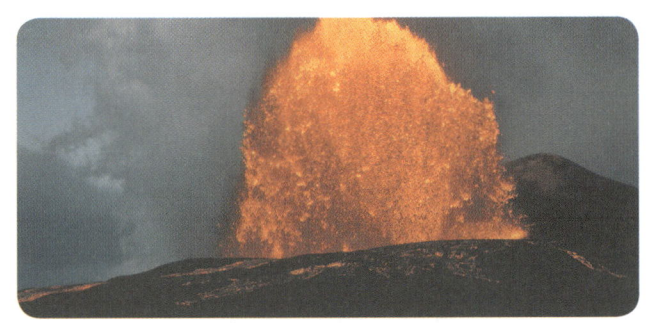

화성암

화 산 암

050

화 산 암

지상에 뿜어져 나온 마그마가 급격하게 식어서 굳어진 화성암. 급격히 굳었기 때문에 유리질이 섞인 작은 결정이 모여 있다.
㉭분출암

심 성 암

051

심 성 암

마그마가 땅속 깊은 곳에서 천천히 식어서 굳어진 화성암. 흔히 결정 상태이며, 알갱이 모양의 조직을 이룬다. 화강암, 섬록암, 반려암 등이 있다.
㊌심조암

현 무 암

052

현 무 암

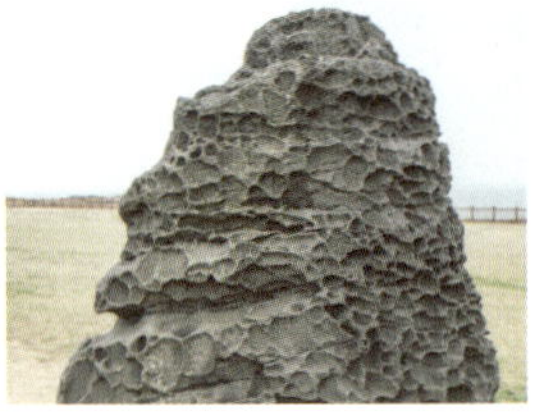

화 강 암

053

화 강 암

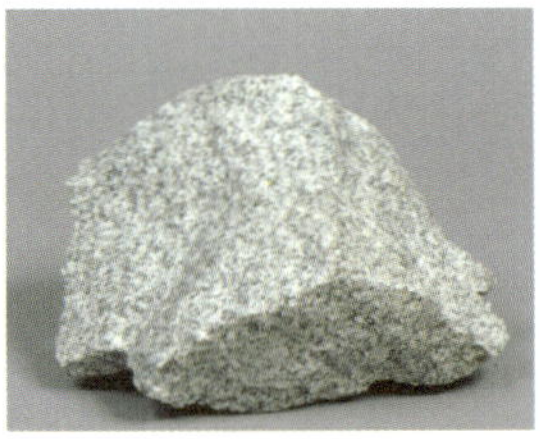

현무암과 화강암의 특징

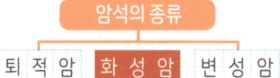
암석의 종류: 퇴적암 | 화성암 | 변성암

	현무암	화강암
색	어둡다	밝다
알갱이	매우 작다	크다
겉면	구멍이 뚫려 있다.	밝은 바탕에 검은색 알갱이가 보인다.

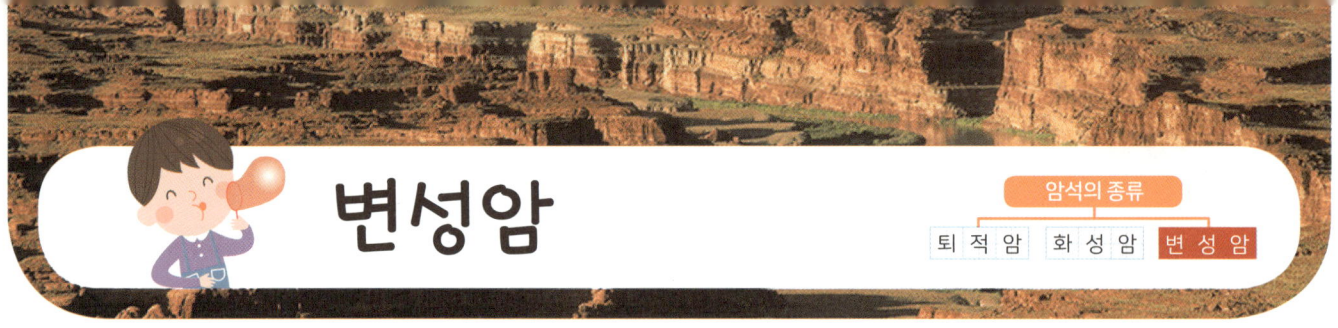

변성암

암석의 종류
퇴 적 암 | 화 성 암 | **변 성 암**

∘ **변성암 :** 퇴적암 또는 화성암이 땅 밑 깊은 곳에서 열, 압력 등의 영향을 받아 변질되어 이루어진 암석이에요.

변성 전	사암	석회암	화강암
	↓	↓	↓
변성 후	규 암	대 리 암	편 마 암
	058	059	060
	규 암	대 리 암	편 마 암

퇴적암 화성암 → 변성암

열 (061) 압 력 (062)

열 압 력

지구의 자전과 공전

- **지구의 자전 :** 지구가 자전축을 중심으로 **하루에 한 바퀴씩** 서쪽에서 동쪽으로 도는 운동
- **지구의 공전 :** 지구가 태양을 중심으로 **일 년에 한 바퀴씩** 서쪽에서 동쪽으로 도는 운동

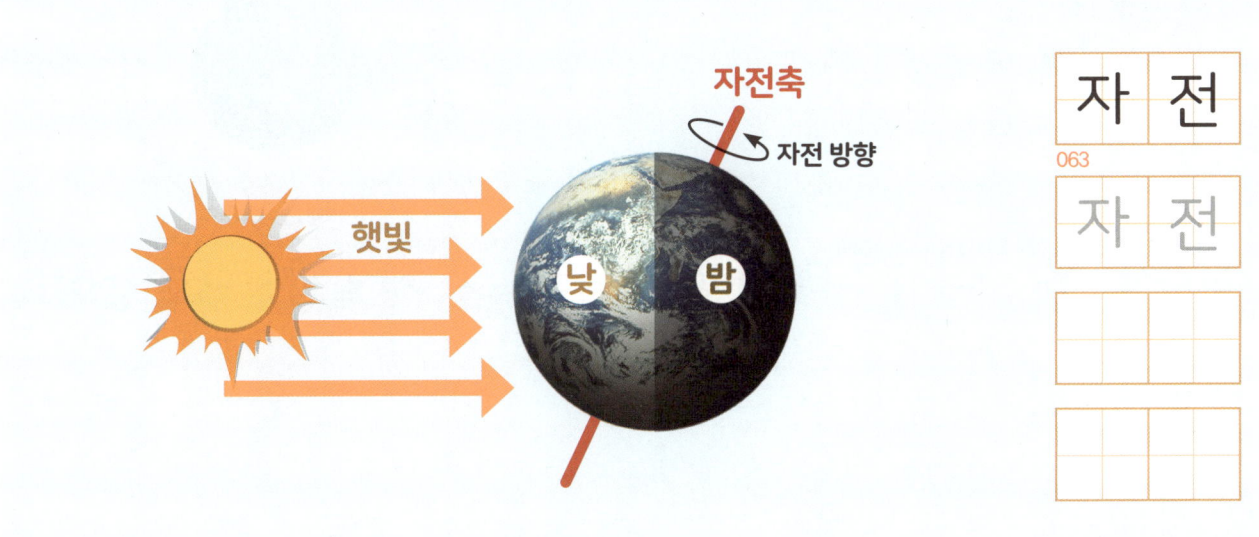

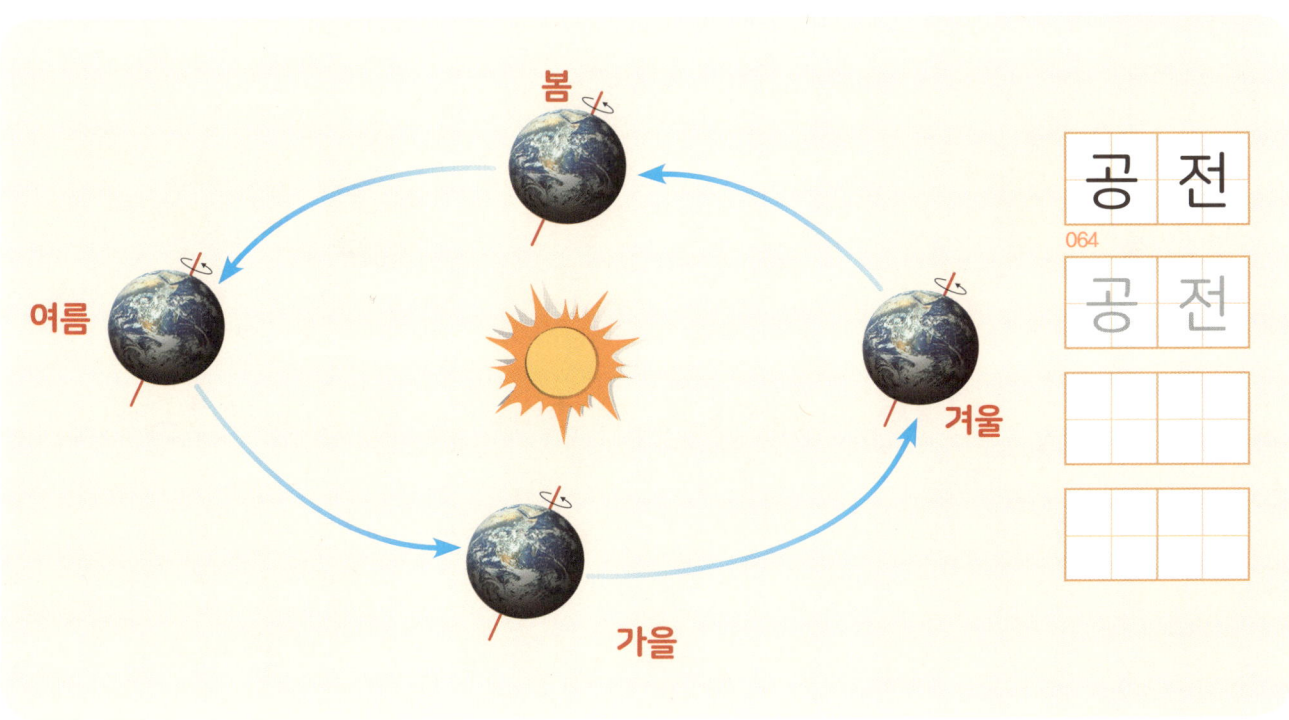

일식과 월식

- **일식** : 달이 태양의 일부나 전부를 가리는 현상
- **월식** : 달이 지구의 그림자에 들어가 일부나 전부가 가려지는 현상

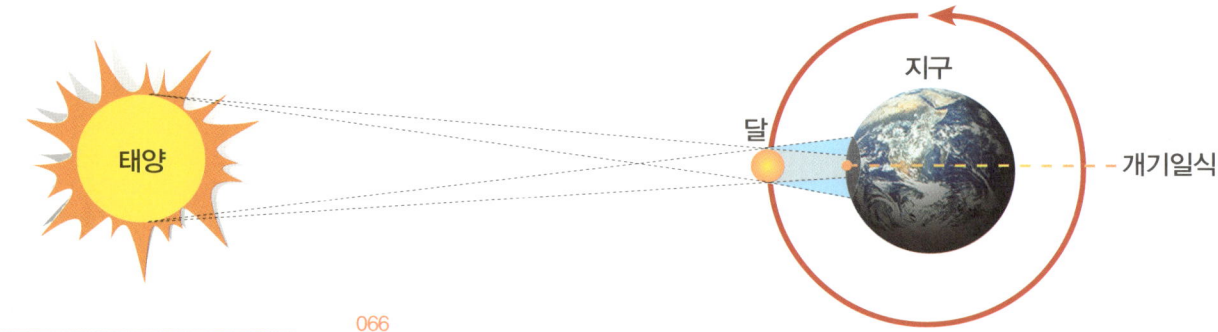

개기일식

태양 → 달 → 지구 가 일직선으로 놓여요.

태양 → 달 → 지구

개기일식 태양이 달에 완전히 가려 보이지 않는 현상

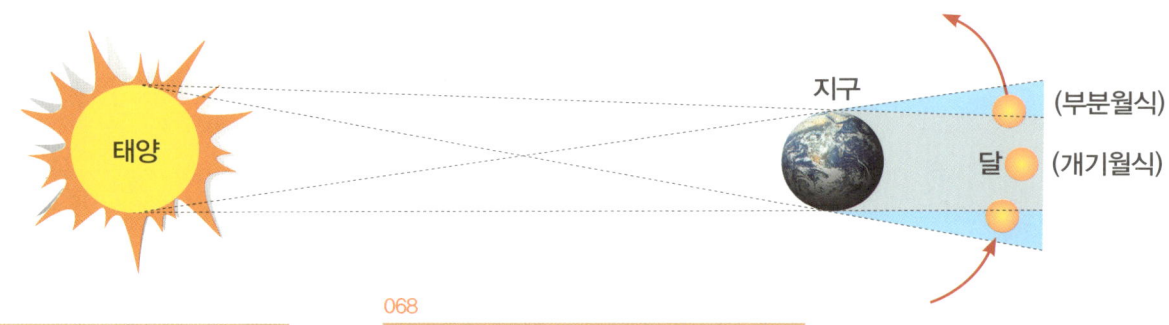

개기월식은 태양 → 지구 → 달 의 순서로 놓여요.

태양 → 지구 → 달

개기월식 달이 지구의 그림자에 완전히 가려져서 지구에서 본 달의 밝은 부분 전체가 어둡게 보이는 현상

태양계

수	성		금	성		지	구		화	성
수	성		금	성		지	구		화	성

목	성		토	성		천	왕	성		해	왕	성
목	성		토	성		천	왕	성		해	왕	성

Ⅱ 생물

생물과 무생물

- **생물** : 생명을 가지고 스스로 생활 현상을 유지하여 나가는 물체. 영양, 운동, 생장, 증식을 하며, **동물**, **식물**, **균류**, **원생생물**, **원핵생물**로 나누어요.
- **무생물** : 생물이 아닌 물건. 세포로 이루어지지 않은 돌, 물, 흙 등을 일러요.
- **바이러스** : 동물, 식물, 세균 등의 살아 있는 세포에 기생하고, 세포 안에서만 증식이 가능한 비세포성 생물. 핵산과 단백질을 주요 성분으로 하고, 세균 여과기에 걸러지지 않으며, 병원체가 되기도 해요.

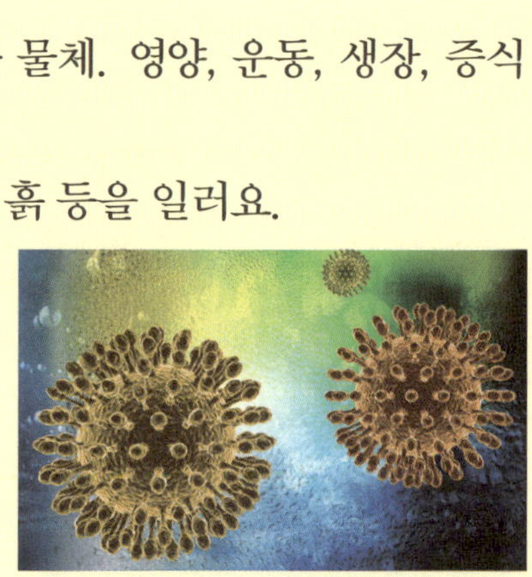

생물 077
무생물 078
바이러스 079

동물 080
식물 081
균류 082

균류 광합성을 하지 않아 다른 생물에서 양분을 얻는 하등 생물. 곰팡이, 버섯 따위

원생생물 083
원핵생물 084

원생생물 핵이 있고, 대부분 단세포이다. 짚신벌레, 아메바, 해캄 따위

원핵생물 핵막이 없어 핵의 구조가 없는, 매우 작고 단순한 생물. 세균 따위

동물의 특징

• **동물** : 생물계의 두 갈래 중 하나. 주로 유기물(생명의 힘으로 만들어지는 물질)을 영양분으로 섭취하며, 운동, 감각, 신경 등의 기능이 발달했어요. 소화, 배설, 호흡, 순환, 생식 등의 기관이 분화되어 있습니다.

동물 특징 085

식물처럼 스스로 양분을 만들지 못합니다.

동물 특징 086

유기물을 영양분으로 섭취합니다.

동물 특징 087

다리나 날개가 있어 자유롭게 움직입니다.

동물 특징 088

먹이를 먹고, 소화시키며, 배설을 합니다.

식물의 특징

- **식물 :** 생물계의 두 갈래 중 하나. 대체로 이동력이 없고, 체제가 비교적 간단하여 신경과 감각이 없으며, 셀룰로스를 포함한 세포벽과 세포막이 있어요. 일반적으로 엽록소를 가지고 있어서 광합성으로 영양을 보충하고, 꽃과 홀씨주머니 등의 생식 기관이 있어요.

식물 특징 089

식물은 스스로 광합성을 해서 양분을 만듭니다.
식물은 스스로 광합성을 해서 양분을 만듭니다.

식물 특징 090

식물은 잎, 줄기, 뿌리로 구성되어 있습니다.
식물은 잎, 줄기, 뿌리로 구성되어 있습니다.

식물 특징 091

땅속에 뿌리가 박혀 있어 움직이지 못합니다.
땅속에 뿌리가 박혀 있어 움직이지 못합니다.

식물 특징 092

뿌리에서 물과 영양분을 흡수합니다.
뿌리에서 물과 영양분을 흡수합니다.

동물 세포의 구성

- **세포** : 생물체를 이루는 기본 단위. 핵막의 유무에 따라 **진핵 세포**와 **원핵 세포**로 나뉘어요.
- **동물 세포** : 동물체를 구성하는 단위. 골지체, 리보솜, 미토콘드리아 등이 있어요.

리보솜
세포질 속에 있는, 단백질을 합성하는 단백질과 RNA로 이루어진 아주 작은 알갱이

세포막
세포질을 둘러싸고 있는 막

골지체
세포질 속에 있는 막으로 이루어진 납작한 여러 개의 빵이 쌓인 모양의 세포 소기관

세포질
세포에서 핵을 제외한 세포막 안의 부분. 젤리 같은 물질

핵막
핵과 세포질의 경계에 있는 두 겹의 구조막

미토콘드리아
진핵 세포 속에 들어 있는 소시지 모양의 알갱이로 세포의 발전소와 같은 역할을 하는 작은 기관

핵
진핵 세포의 한가운데에 있는 공 모양의 작은 부분

리	보	솜

093

리	보	솜

세	포	막

094

세	포	막

골	지	체

095

골	지	체

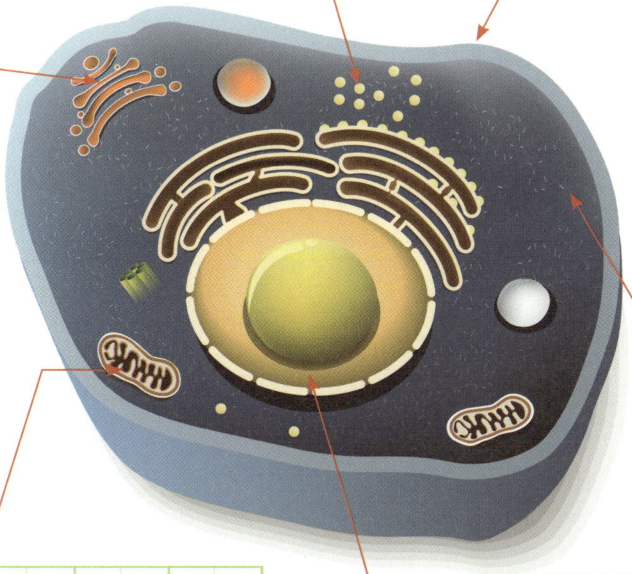

세	포	질

096

세	포	질

미	토	콘	드	리	아

097

미	토	콘	드	리	아

핵	막

098

핵	막

49

식물 세포의 구성

- **식물세포**: 식물체를 구성하는 단위. 세포벽, 엽록체, 액포(液胞) 등이 있어요.

리보솜
세포질 속에 있는, 단백질을 합성하는 단백질과 RNA로 이루어진 아주 작은 알갱이

세포질
세포에서 핵을 제외한 세포막 안의 부분. 젤리 같은 물질

세포벽
식물 세포의 가장 바깥쪽에 있는 튼튼한 피막으로, 세포를 보호한다.

골지체
세포질 속에 있는 막으로 이루어진 납작한 여러 개의 빵이 쌓인 모양의 세포 소기관

액포
성숙한 식물 세포 안에 있는 큰 거품 구조물

세포막: 세포질을 둘러싸고 있는 막

핵막: 핵과 세포질의 경계에 있는 두 겹의 구조막

핵
진핵 세포의 한가운데에 있는 공 모양의 작은 부분

엽록체
식물 잎의 세포 안에 함유된 둥근 모양의 구조물. 엽록소가 들어 있어 녹색을 띠며 탄소 동화(탄수화물을 만듦) 작용을 하여 녹말을 만드는 중요 부분

미토콘드리아
진핵 세포 속에 들어 있는 소시지 모양의 알갱이로 세포의 발전소와 같은 역할을 하는 작은 기관

| 세 | 포 | 벽 |
099

| 리 | 보 | 솜 |
100

| 세 | 포 | 질 |
101

| 골 | 지 | 체 |
102

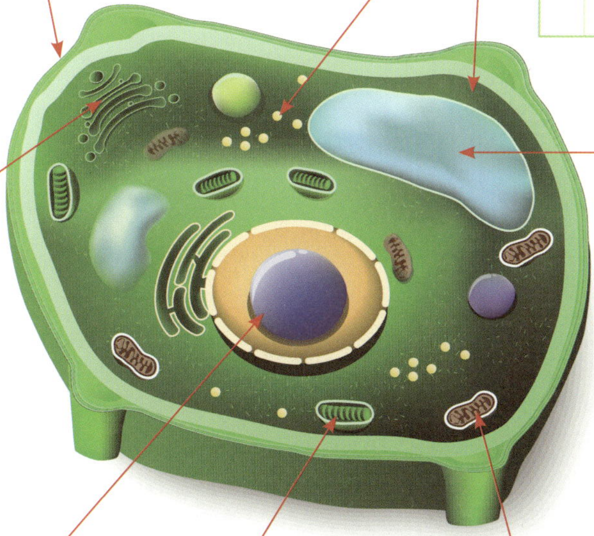

| 액 | 포 |
103

| 핵 |
104

| 엽 | 록 | 체 |
105

| 미 | 토 | 콘 | 드 | 리 | 아 |
106

동물의 분류

- **척추동물**: 몸의 등쪽에 세로로 늘어선 척추뼈로 된 척추가 있는 동물을 통틀어 이르는 말 ㉮등뼈동물
- **무척추동물**: 척추동물 이외의 모든 동물을 통틀어 이르는 말. 척추를 갖고 있지 않고, 원시적이며, 하등한 동물들로, 원생동물에서부터 극피동물까지 31문(門)이 있어요. ㉮민등뼈동물

```
         동물
        /    \
   척추동물    무척추동물
```

| 척 | 추 | 동 | 물 |

107

| 척 | 추 | 동 | 물 |

| 무 | 척 | 추 | 동 | 물 |

108

| 무 | 척 | 추 | 동 | 물 |

척추동물 109 → 등뼈가 있는 동물

등뼈가 있는 동물

무척추동물 110 → 등뼈가 없는 동물

등뼈가 없는 동물

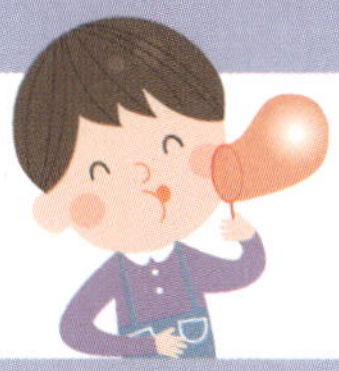

척추동물의 종류

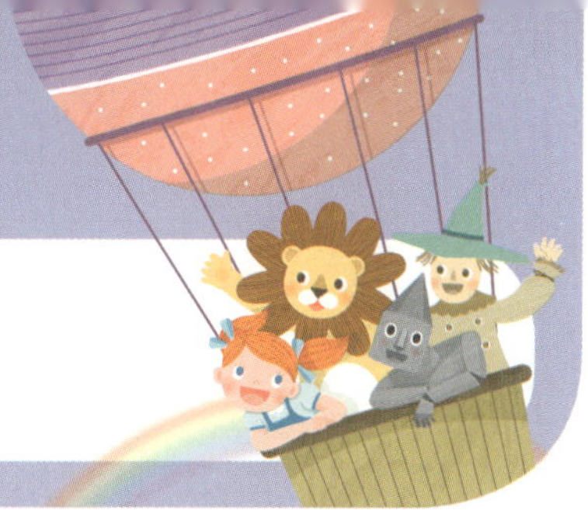

척추동물

포 유 류 포 유 류

111

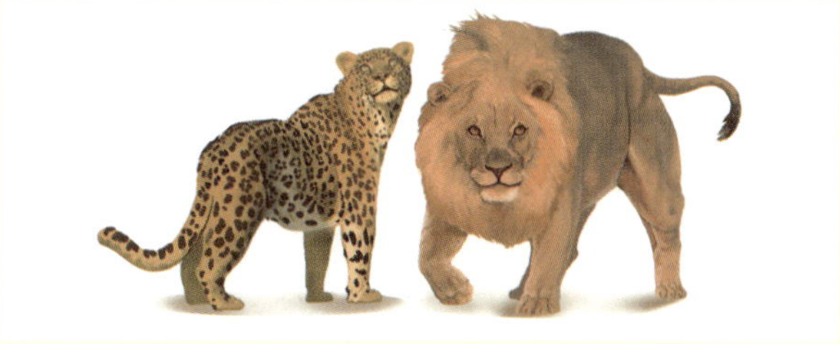

조 류

112

조 류

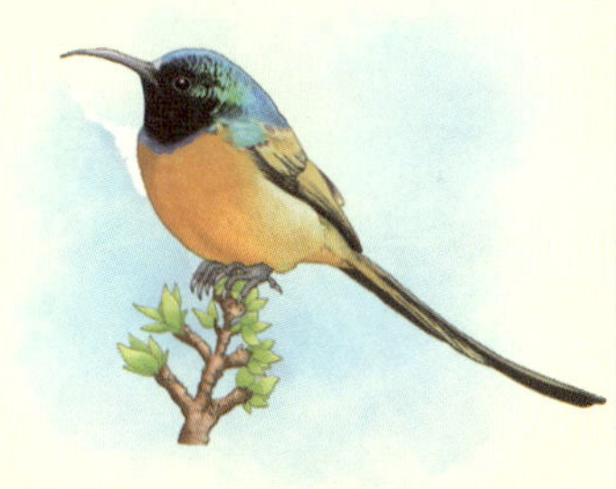

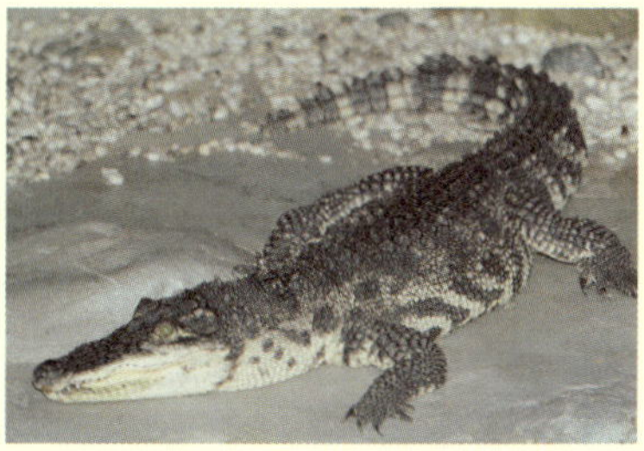

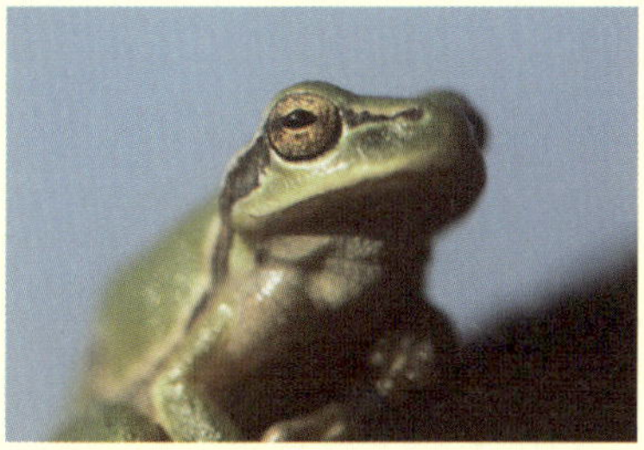

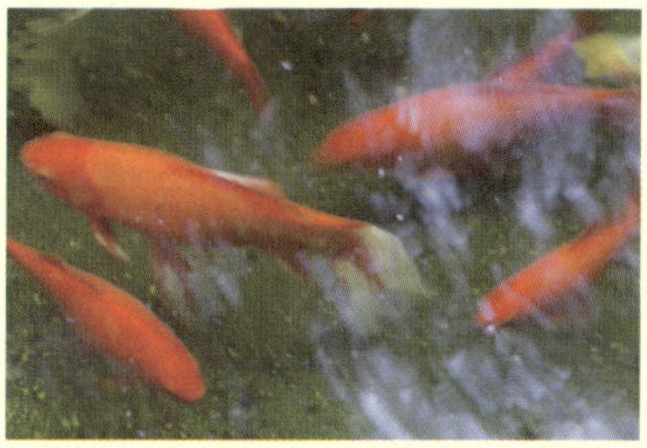

파 충 류

113

파 충 류

양 서 류

114

양 서 류

어 류

115

어 류

척추동물의 특징

	몸 표면	호흡 기관	체온	번식
포유류	털	폐	정온	새끼
조류	깃털	폐	정온	알
파충류	비늘	폐	변온	알
양서류	피부	폐, 아가미	변온	알
어류	비늘	아가미	변온	알

- **정온** 일정한 온도 　・**변온** 온도가 변함 　・**아가미** 어류에 발달한 호흡 기관. 붉은 참빛 모양으로 여러 갈래로 잘게 나뉨

무척추동물의 종류

○ 등뼈가 없는 동물의 종류

연	체	동	물

136

| 연 | 체 | 동 | 물 |

연체동물 대개 바다에서 살며, 조개, 문어, 오징어, 전복 등이 있다.

편	형	동	물

137

| 편 | 형 | 동 | 물 |

편형동물 몸은 납작하고, 입은 있지만 일반적으로 항문이 없어 몸 곳곳에 있는 구멍을 통해 노폐물을 몸 밖으로 내보낸다. 플라나리아, 디스토마, 촌충 등이 있다.

절	지	동	물

138

| 절 | 지 | 동 | 물 |

절지동물 몸이 딱딱한 껍질로 싸여 있고, 몸과 다리에 마디가 있다. 거미류, 갑각류, 다지류 등이 있다.

강	장	동	물

139

| 강 | 장 | 동 | 물 |

강장동물 입만 있고, 항문은 없으며, 물에서 산다. 해파리류, 산호류가 포함된다.

환	형	동	물

140

| 환 | 형 | 동 | 물 |

환형동물 몸이 원통형으로 되어 있고, 마디가 있으며, 암수가 한몸이다. 지렁이류가 속한다.

극	피	동	물

141

| 극 | 피 | 동 | 물 |

극피동물 바다에 사는 동물로, 딱딱한 껍데기로 싸여 있다. 성게류, 불가사리류, 해삼류가 속한다.

곤충의 생김새

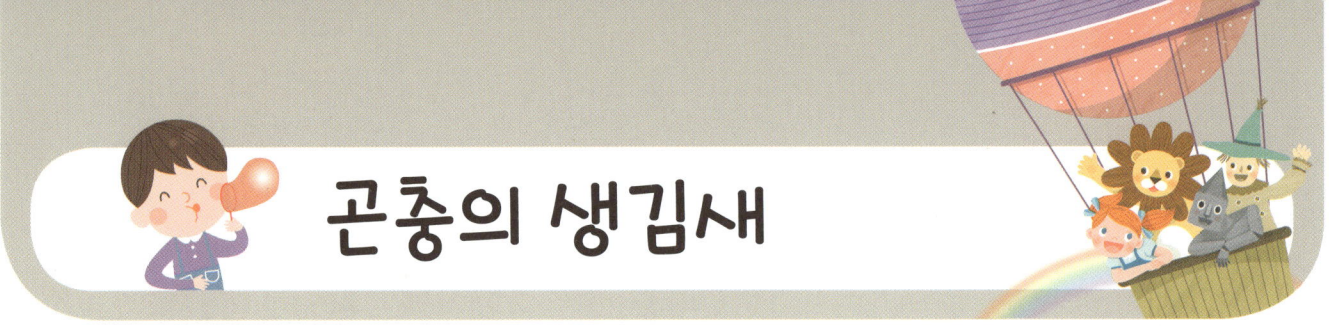

머리 머리

더듬이 더듬이

가슴 가슴

눈 눈

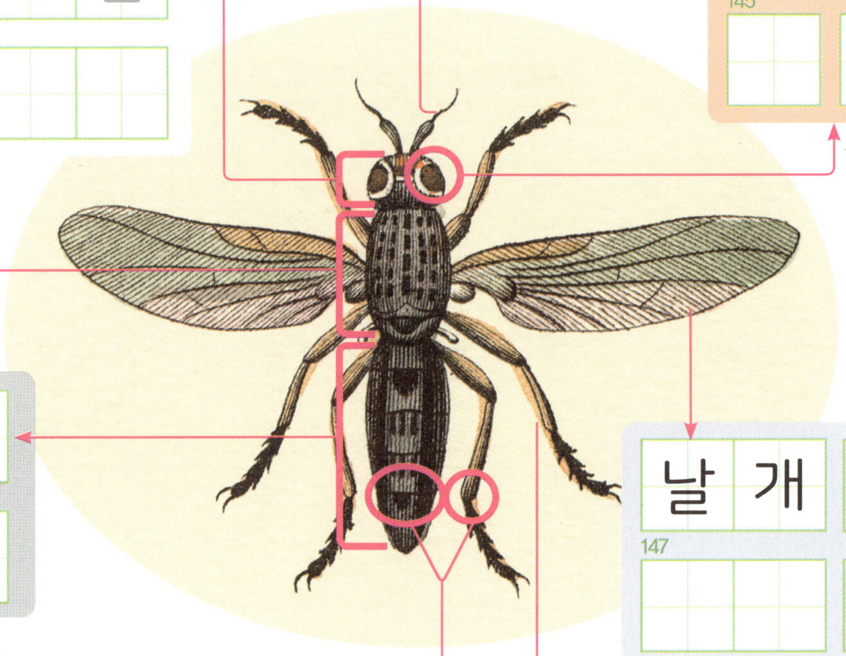

배 배

날개 날개

마디 마디

다리 다리

곤충의 완전 탈바꿈

- **탈바꿈 :** 곤충이 짝짓기 후 암컷이 알을 낳으면, 알은 여러 성장 단계를 거쳐 어른벌레로 변신해요. 이때 어른벌레가 되기까지의 모습으로 바뀌는 것을 **탈바꿈**이라고 합니다. 탈바꿈에는 **완전 탈바꿈**과 **불완전 탈바꿈**이 있어요.
- **완전 탈바꿈 :** 알, 애벌레, 번데기의 단계를 거쳐 어른벌레가 되는 것으로 나비, 파리, 모기, 사슴벌레, 장수하늘소, 풍뎅이, 무당벌레 등이 완전 탈바꿈을 하는 곤충이에요.

완전 탈바꿈

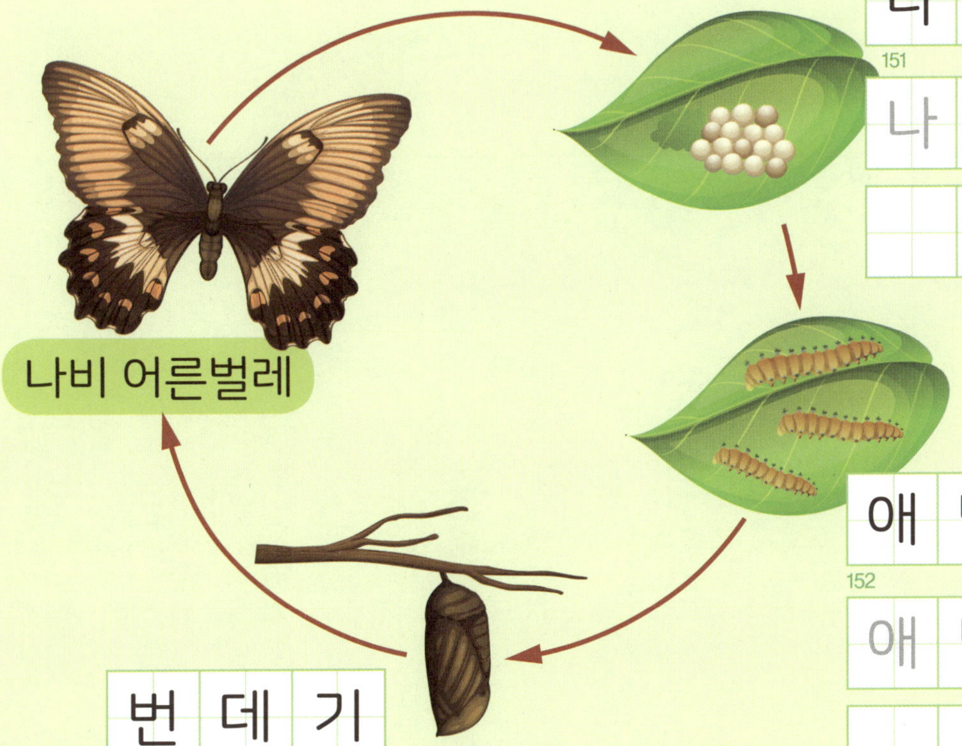

나비 어른벌레

나비 알

애벌레

번데기

곤충의 불완전 탈바꿈

불완전 탈바꿈 : 곤충의 한살이 과정 중 번데기 시기를 거치지 않고 애벌레가 곧 어른벌레로 변하는 것을 말해요. 불완전 탈바꿈을 하는 곤충에는 매미, 잠자리, 메뚜기 등이 있어요.

불완전탈바꿈 불완전탈바꿈

154

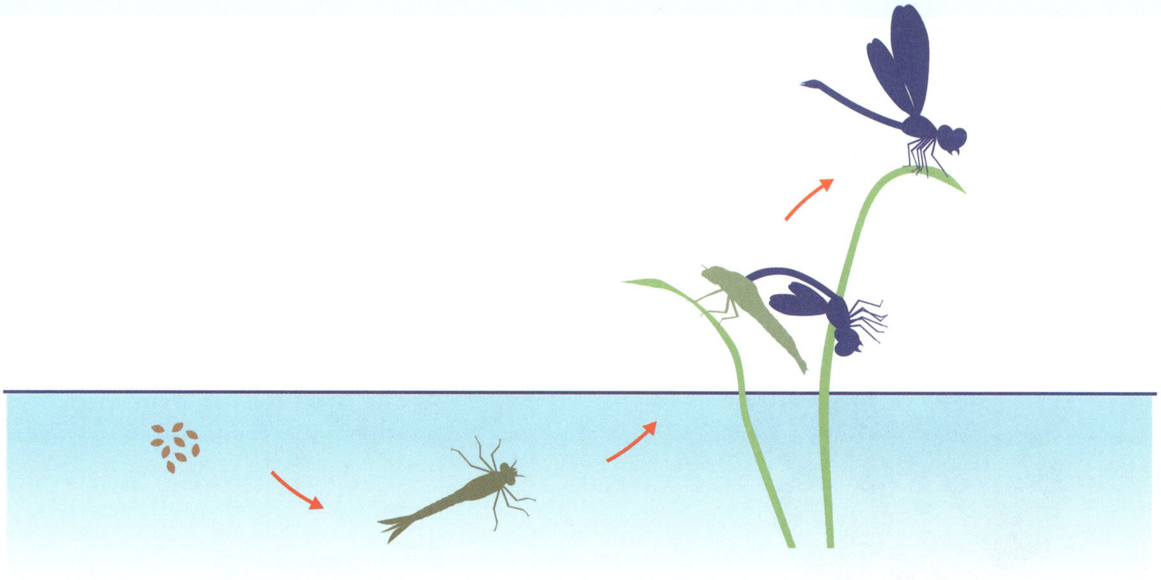

잠자리

잠자리 알 → 애벌레(유충) → 어른벌레

155 애벌레(유충)

156 어른벌레

식물의 분류 1

식 물

식 물

종 자 식 물

종 자 식 물

포 자 식 물

포 자 식 물

 종자식물 160

생식 기관인 꽃이 있고, 열매를 맺습니다.

생식 기관인 꽃이 있고, 열매를 맺습니다.

 종자식물 161

겉씨식물과 속씨식물로 나눕니다.

겉씨식물과 속씨식물로 나눕니다.

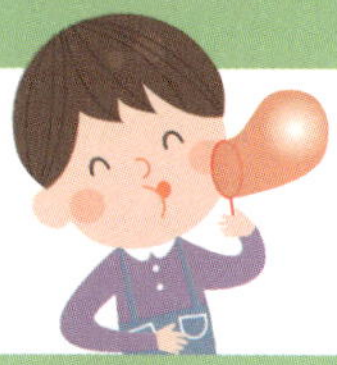

식물의 분류 2

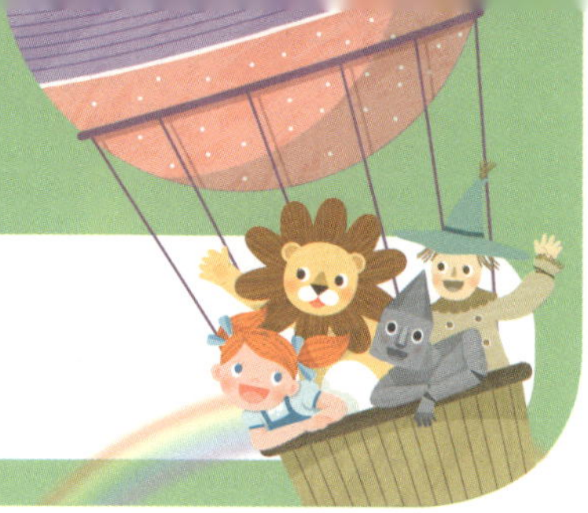

- **포자식물** : 꽃이 피지 않고 홀씨에 의하여 번식하며, 잎, 줄기, 뿌리의 구분이 뚜렷하지 않은 식물을 포자식물이라 해요.

포자식물

- 선태식물
- 양치식물

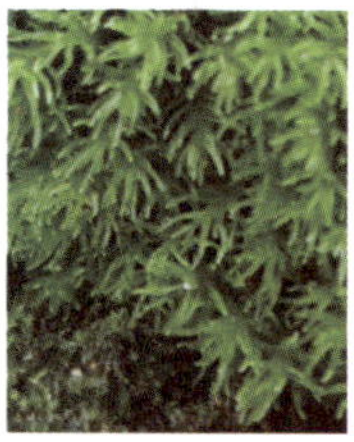

↓ 이끼류

↓ 고사리류

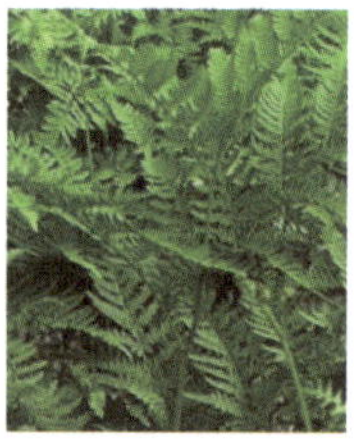

식물의 분류 3

```
              식물
       ┌───────┴───────┐
     종자식물          포자식물 ─┬─ 선태식물
   ┌───┴───┐                    └─ 양치식물
 겉씨식물  속씨식물
         ┌───┴───┐
```

외	떡	잎	식	물
외	떡	잎	식	물

쌍	떡	잎	식	물
쌍	떡	잎	식	물

외떡잎식물
떡잎이 한 장인 식물
떡잎이 한 장인 식물

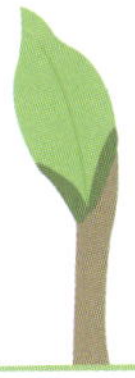

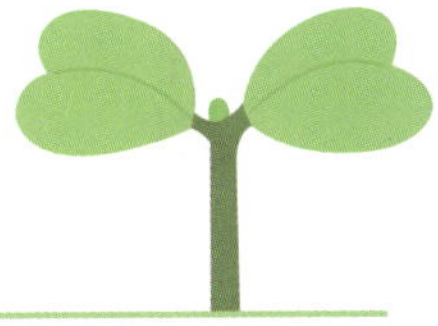

쌍떡잎식물
떡잎이 두 장인 식물
떡잎이 두 장인 식물

식물의 구조

- 식물은 뿌리, 줄기, 잎, 꽃, 열매로 이루어져 있어요.

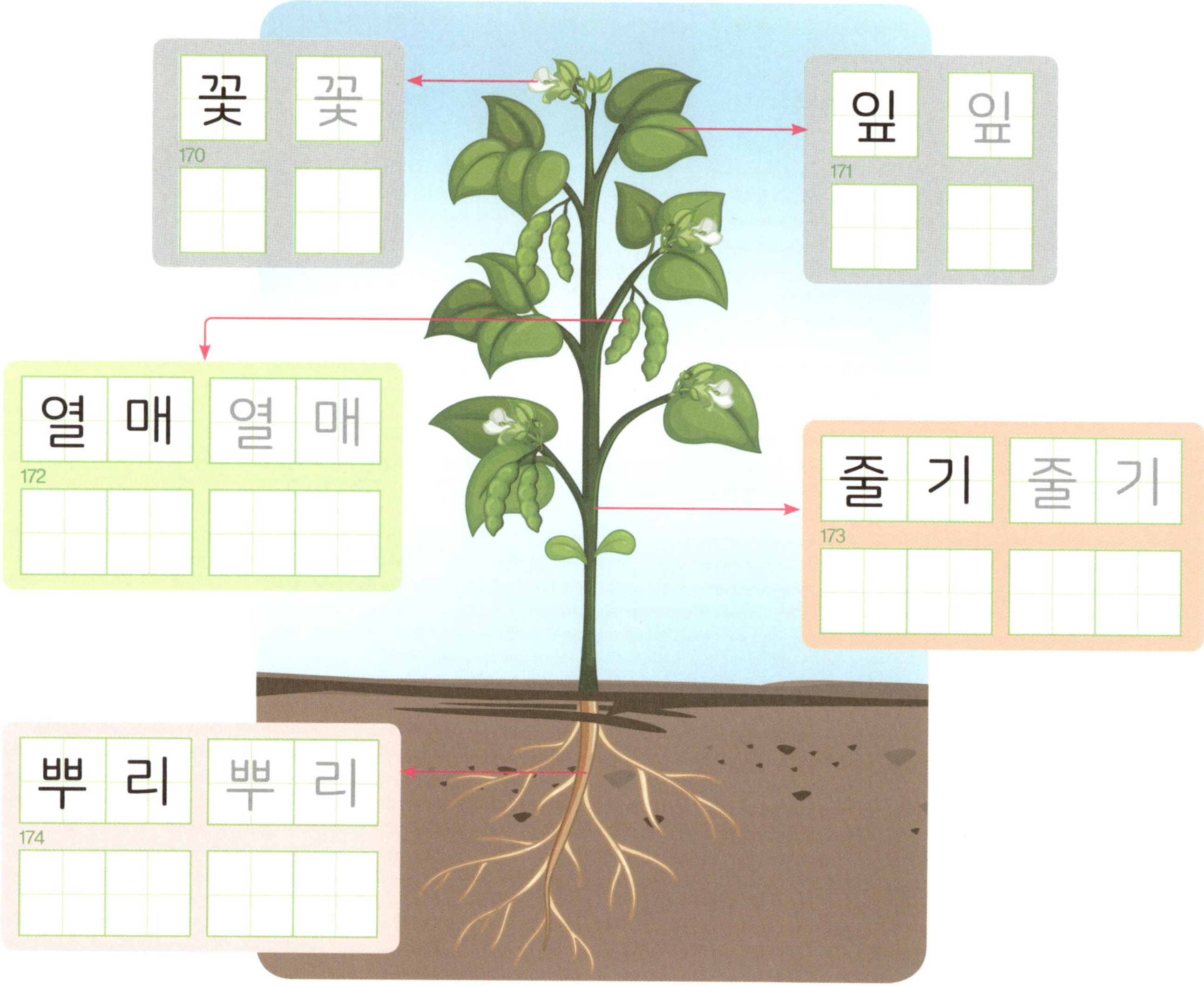

| 꽃 | 꽃 |
| 170 | |

| 잎 | 잎 |
| 171 | |

| 열 매 | 열 매 |
| 172 | |

| 줄 기 | 줄 기 |
| 173 | |

| 뿌 리 | 뿌 리 |
| 174 | |

식물의 기능 175

식물의 각 부분은 서로 밀접한 관련이 있습니다.

식물의 각 부분은 서로 밀접한 관련이 있습니다.

뿌리

뿌리의 구조 176

뿌리의 끝에는 생장점이 있어 뿌리를 자라게 합니다.

뿌리의 모양 177

식물의 종류에 따라 길이와 모양이 다릅니다.

뿌리의 종류 178

뿌리는 곧은뿌리와 수염뿌리로 나뉩니다.

뿌리의 기능 179

흡수 기능, 지지 기능, 저장 기능이 있습니다.

줄기의 생김새

● **관다발** : 양치식물과 종자식물에 있는 조직의 하나. 뿌리, 줄기, 잎 속에 있으며, 양분의 통로인 **체관**과 물의 통로인 **물관**으로 이루어져 있어요.

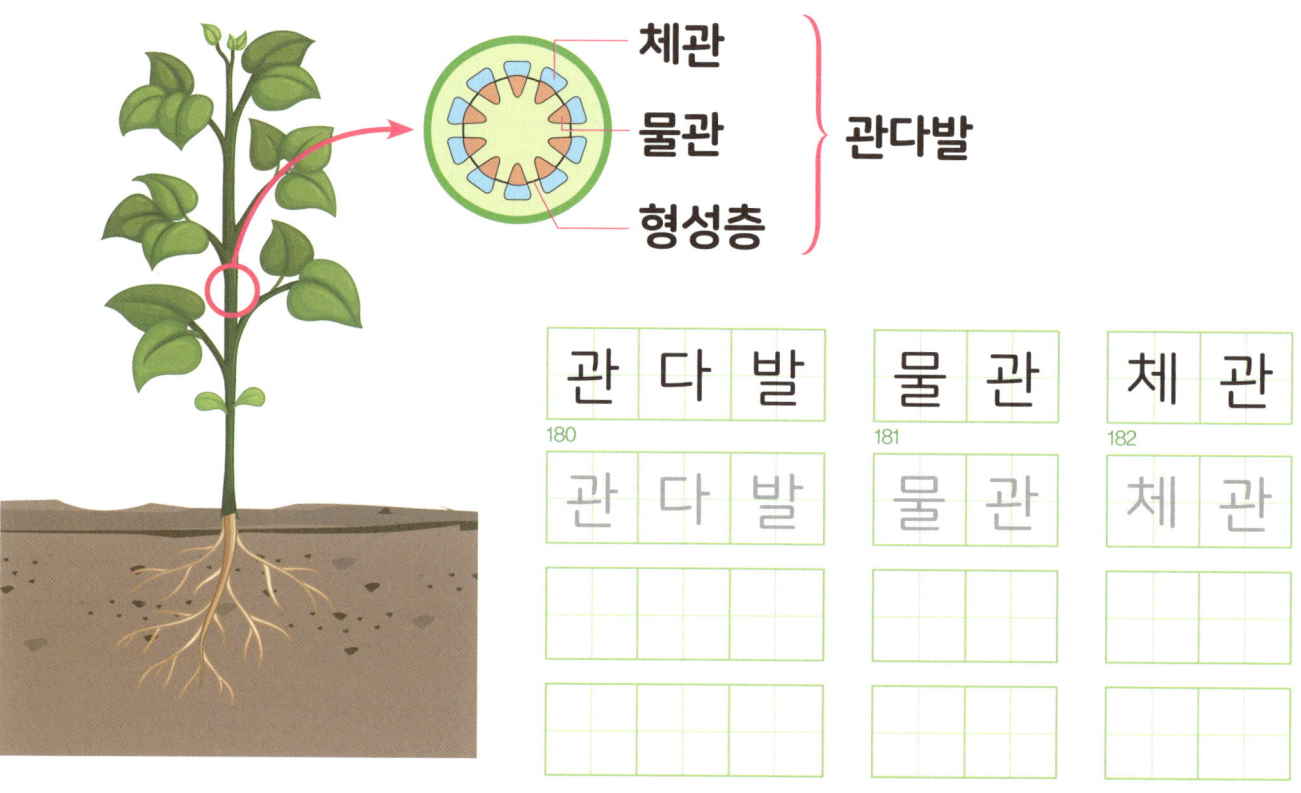

관	다	발		물	관		체	관

체관 잎에서 만든 영양분이 체관으로 이동합니다.

물관 뿌리에서 흡수한 물이 물관으로 이동합니다.

줄기의 기능

지	지	기	능

운	반	기	능

저	장	기	능

줄기의 기능 1 지지 기능
식물의 몸체를 지탱해 주는 지지 기능

줄기의 기능 2 운반 기능
관다발을 통해 물과 양분을 이동하는 운반 기능

줄기의 기능 3 저장 기능
남은 양분을 줄기에 모으는 저장 기능

잎

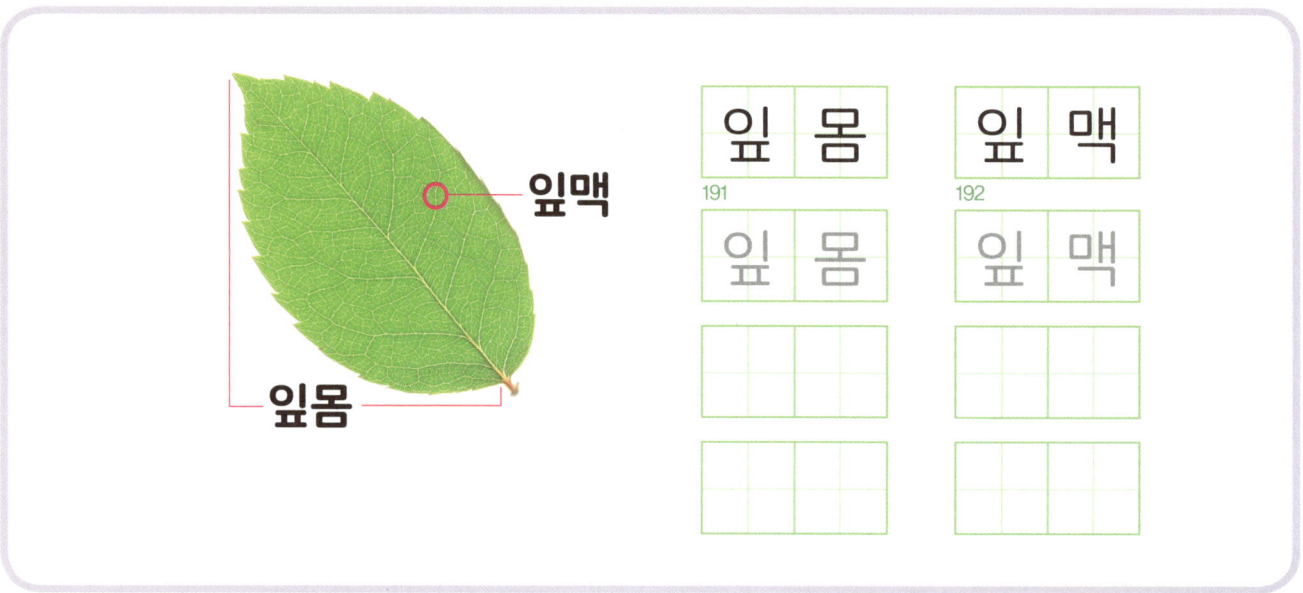

- **잎의 광합성** : 녹색식물이 햇빛을 이용하여 이산화 탄소와 물로 유기물을 만드는 과정을 말해요. 이런 광합성을 통해 생물이 사는 데 꼭 필요한 산소가 만들어집니다.

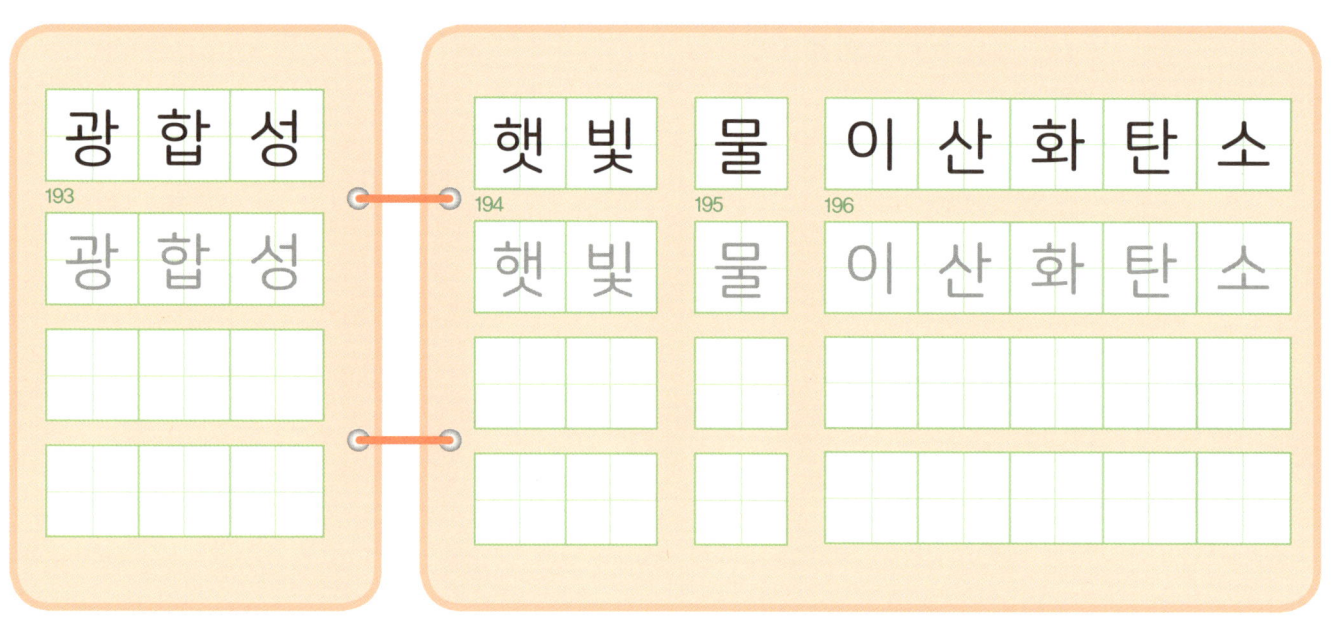

잎의 기능

잎의 기능 1 : 증산 작용 197

식물체 안의 물을 수증기 형태로 방출하는 증산 작용

식물체 안의 물을 수증기 형태로 방출하는 증산 작용

잎의 기능 2 : 광합성 198

햇빛을 이용해 엽록체에서 양분을 만드는 광합성

햇빛을 이용해 엽록체에서 양분을 만드는 광합성

잎의 기능 3 : 호흡 작용 199

잎의 뒷면에 있는 기공을 통해 호흡하는 호흡 작용

잎의 뒷면에 있는 기공을 통해 호흡하는 호흡 작용

꽃의 구조

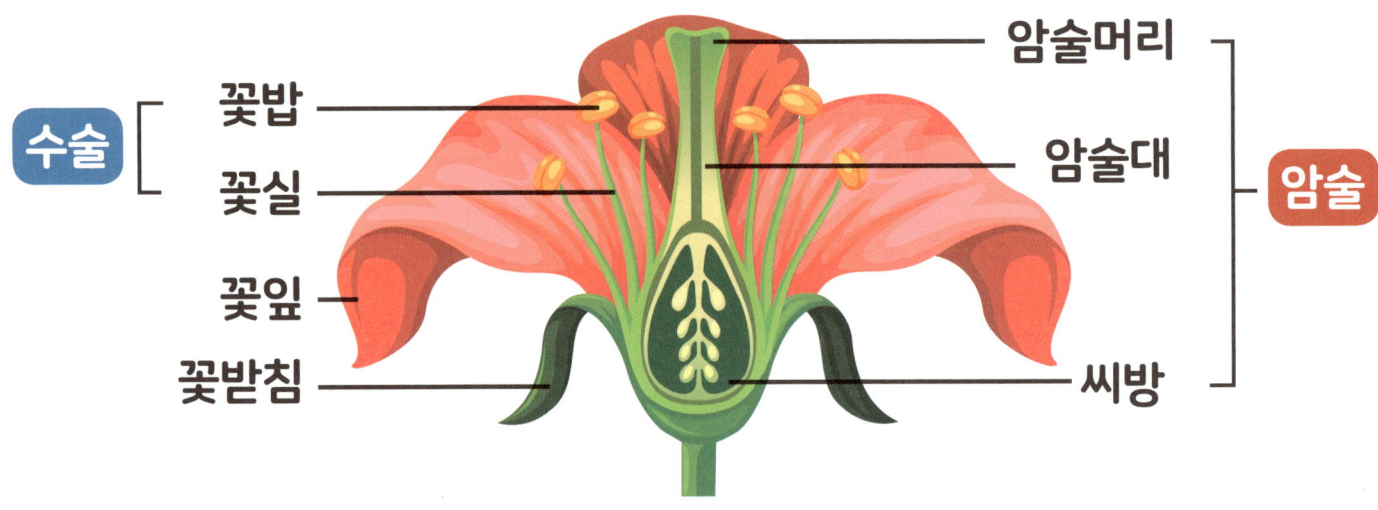

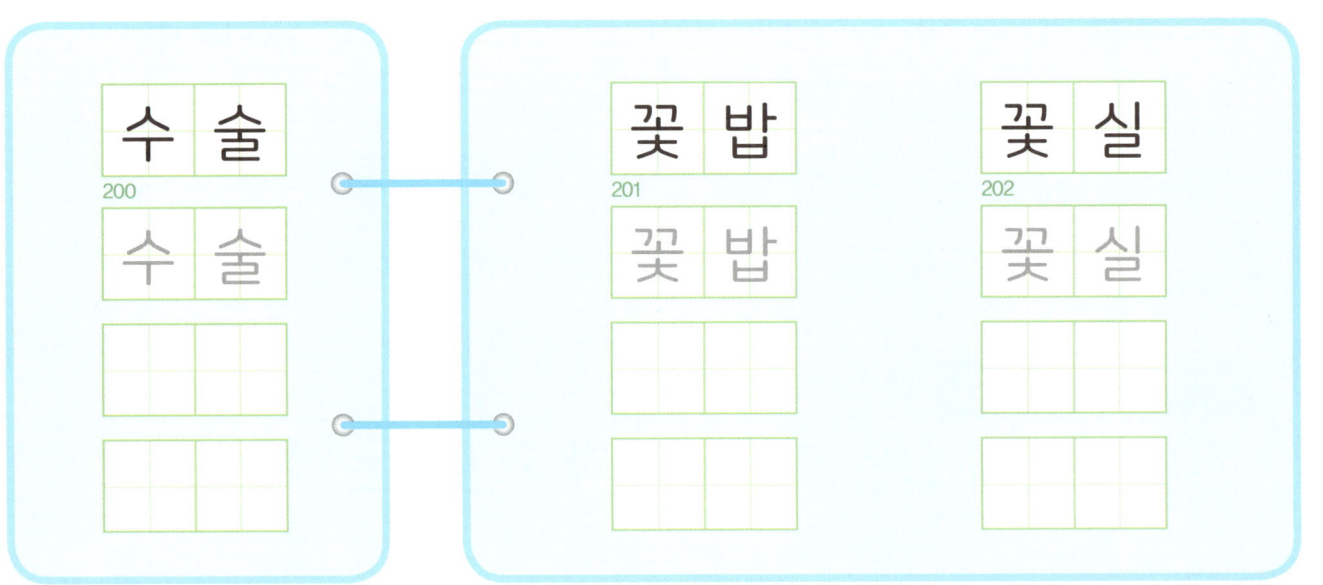

식물의 한살이

● 씨가 싹이 트고, 자라고, 열매를 맺고, 다시 씨를 만들어 한 세대를 이어 가는 과정을 **식물의 한살이**라고 해요.

씨 → 씨의 싹트기 → 잎과 줄기의 자람 → 꽃이 핌 → 열매 맺음 → 새로운 씨

한	해	살	이
한	해	살	이

한해살이 봄에 싹이 터서 그해 가을에 열매를 맺고 죽는 식물. 벼, 강낭콩 따위

여	러	해	살	이
여	러	해	살	이

여러해살이 여러 해 동안 사는 식물. 개나리, 감나무, 사과나무, 무궁화 따위

 씨
씨에서 싹이 나오려면 ↴
적당한 양의 물과 알맞은 온도가 필요합니다.
적당한 양의 물과 알맞은 온도가 필요합니다.

 씨
씨 속에는 싹이 틀 때 필요한 ↴
양분을 공급하는 배젖이나 떡잎이 있기 때문에
양분을 공급하는 배젖이나 떡잎이 있기 때문에

↳ **양분은 따로 필요 없습니다.**

III 우리 몸 이야기

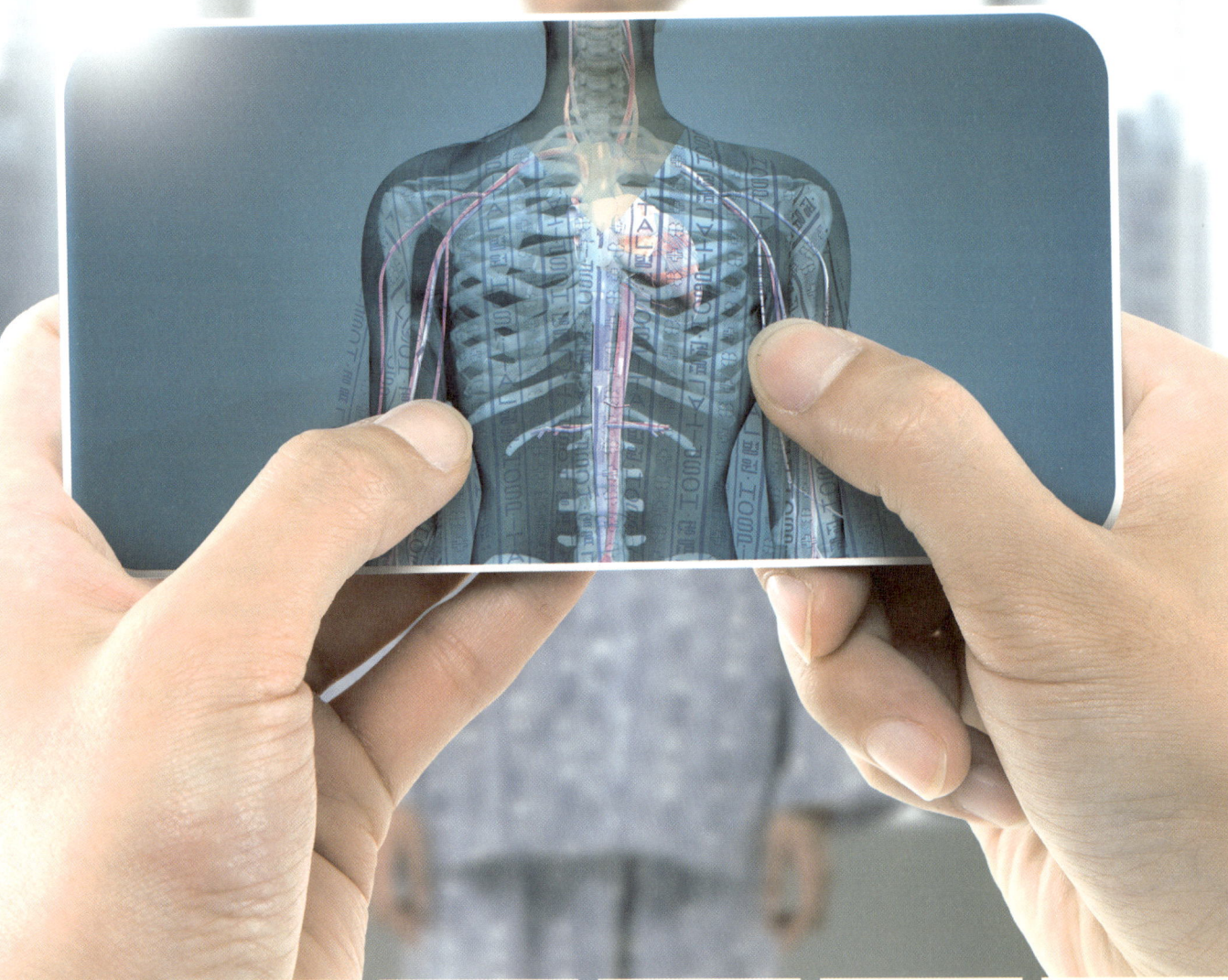

뼈와 근육 | 감각 기관 | 소화 기관 | 순환 기관 | 호흡 기관 | 배설 기관

우리 몸의 구성

뼈 219

근육 220

감각 기관 221

소화 기관 222

뼈 우리 몸을 지탱하고 몸속의 내부 기관을 보호한다.
근육 근육의 가장 중요한 기능은 운동 기능이다.

감각 기관 몸의 외부와 내부에서 전달되는 자극을 받아들인다. 눈, 귀, 코, 혀, 피부 등이 해당된다.

소화 기관 음식물을 잘게 부수어 우리 몸에 흡수될 수 있도록 분해하는 기관. 입, 식도, 위, 십이지장, 작은창자, 큰창자, 이자, 쓸개, 간 등이 있다.

순환 기관 223

호흡 기관 224

배설 기관 225

순환 기관 몸 전체에 피를 순환시켜 영양과 산소를 공급하고, 노폐물을 받아들이는 기관. 심장, 동맥, 정맥, 모세혈관의 혈관 계통과 림프관 계통으로 이루어진다.

호흡 기관 산소를 들이마시고 에너지 대사의 결과로 발생한 이산화 탄소를 내보내는 기관

배설 기관 몸속의 노폐물을 몸 밖으로 내보내는 기관

감각 기관

- **감각 기관** : 몸의 외부와 내부에서 전달되는 자극을 받아들여요.

감각 기관

눈	코	귀	혀	피부
226	227	228	229	230
눈	코	귀	혀	피부

혀 231

혀는 단맛, 짠맛, 신맛, 쓴맛 등을 느낄 수 있습니다.

혀는 단맛, 짠맛, 신맛, 쓴맛 등을 느낄 수 있습니다.

피부 232

피부는 온도, 압력, 촉감 등을 느낍니다.

피부는 온도, 압력, 촉감 등을 느낍니다.

소화 기관

- **소화 과정** : 입 → 식도 → 위 → 작은창자 → 큰창자 → 항문

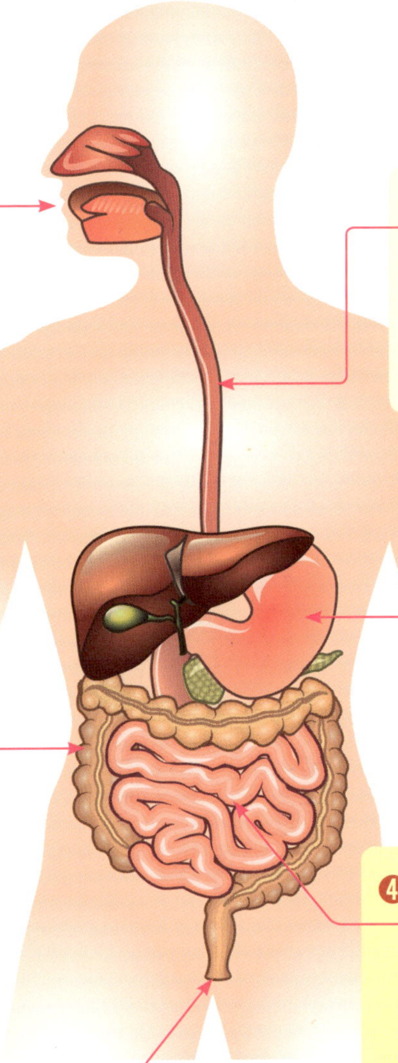

❶ 입 입
233

❷ 식도 식도
234

❸ 위 위
235

❹ 작은창자
236
작은창자

❺ 큰창자
237
큰창자

❻ 항문 항문
238

소화 기관의 역할

입1 239

이가 음식물을 잘게 부숩니다.

이가 음식물을 잘게 부숩니다.

입2 240

입안의 침이 녹말을 엿당으로 분해합니다.

입안의 침이 녹말을 엿당으로 분해합니다.

식도 241

입에서 삼킨 음식물을 위로 이동합니다.

입에서 삼킨 음식물을 위로 이동합니다.

위 242

위액이 들어 있어 단백질을 분해합니다.

위액이 들어 있어 단백질을 분해합니다.

십이지장 243

쓸개즙이 나와 지방을 분해합니다.

쓸개즙이 나와 지방을 분해합니다.

작은창자 244

작은창자에서 아주 작게 분해된 영양소를 흡수해요.

작은창자에서 아주 작게 분해된 영양소를 흡수해요.

큰창자 245

큰창자에서 주로 물을 흡수합니다.

큰창자에서 주로 물을 흡수합니다.

항문 246

큰창자에서 남은 찌꺼기인 대변을 몸 밖으로 내보냄

큰창자에서 남은 찌꺼기인 대변을 몸 밖으로 내보냄

몸을 구성하는 영양소

우리 몸은 물이 68%나 차지하고 있어요.

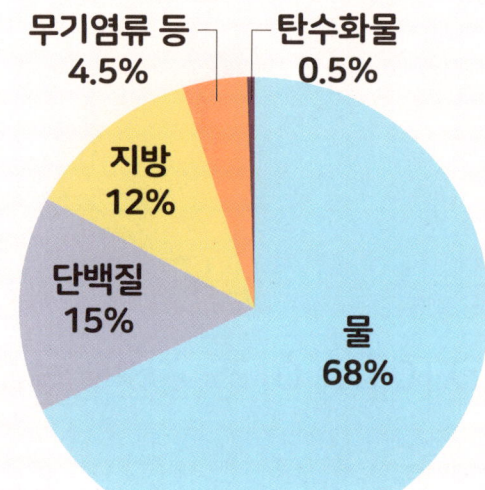

| 물 | 단백질 | 지방 | 탄수화물 |
| 물 | 단백질 | 지방 | 탄수화물 |

영양소의 기능

- **영양소** : 성장을 촉진하고 생리적 과정에 필요한 에너지를 공급하는 영양분이 있는 물질. 고등동물에는 탄수화물, 지방, 단백질, 비타민, 무기질 등의 영양소가 있어요.

탄수화물 251

몸에 필요한 에너지를 만듭니다.(곡류, 빵 등)

몸에 필요한 에너지를 만듭니다.(곡류, 빵 등)

단백질 252

몸을 구성하고 에너지를 만듭니다.(육류, 생선 등)

몸을 구성하고 에너지를 만듭니다.(육류, 생선 등)

지방 253

에너지를 만들고 몸을 구성합니다.(깨, 콩기름 등)

에너지를 만들고 몸을 구성합니다.(깨, 콩기름 등)

무기염류 254

몸을 구성하고 생명 활동을 조절해요.(우유, 멸치 등)

몸을 구성하고 생명 활동을 조절해요.(우유, 멸치 등)

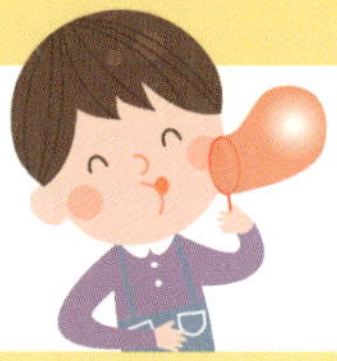

순환 기관

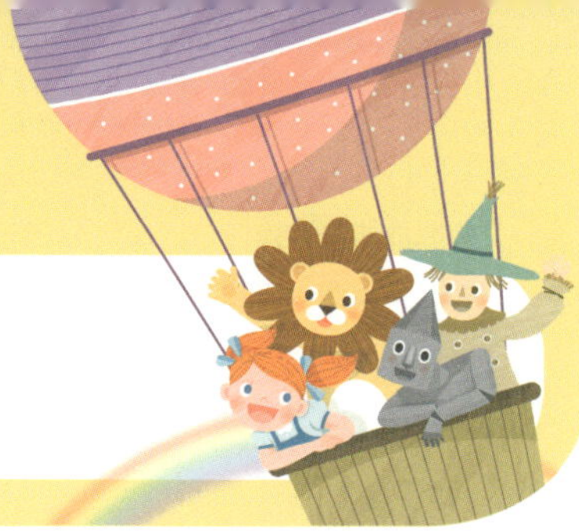

순환 기관 : 혈액을 몸 전체에 순환시키는 기관. 주로 혈관계, 심장계, 림프관계로 이루어져 있어요.

심 장 심 장

256

심장 순환 계통의 중심적인 근육 기관. 주기적인 수축과 이완에 의해 혈액을 온몸으로 보낸다.

정 맥 정 맥

255

정맥 피를 심장으로 보내는 혈관. 피의 역류를 막는 역할을 하며, 피부에 파랗게 드러난다.

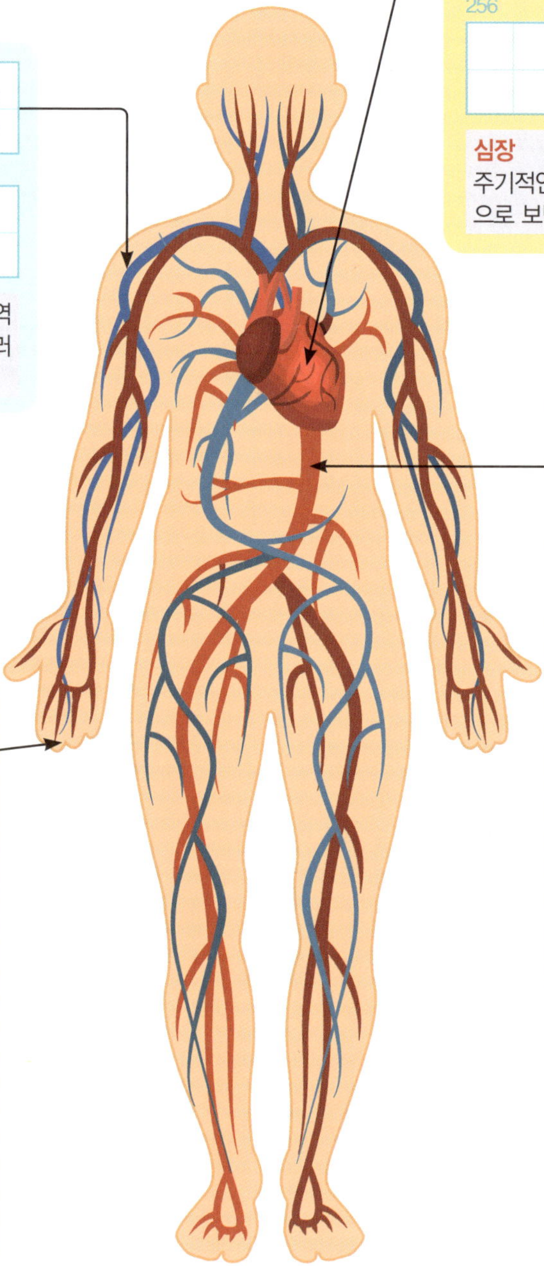

동 맥

257

동 맥

동맥 심장에서 나온 피를 신체의 각 부분에 보내는 혈관

모 세 혈 관

258

모 세 혈 관

모세혈관 온몸의 조직에 그물 모양으로 퍼져 있는 매우 가는 혈관

심장의 역할

- **심장** : 주기적인 수축과 이완을 되풀이해서 혈액을 온몸에 공급하는 기관

좌심방 259

폐에서 산소를 얻은 혈액이 들어오는 곳

좌심실 260

대동맥을 통하여 혈액을 온몸으로 보냅니다.

우심방 261

온몸에서 들어오는 혈액을 받는 곳, 대정맥과 연결

우심실 262

폐동맥을 통하여 혈액을 폐로 보냅니다.

심장의 구조

대정맥 대정맥

우심방 우심방

우심실 우심실

판막 판막

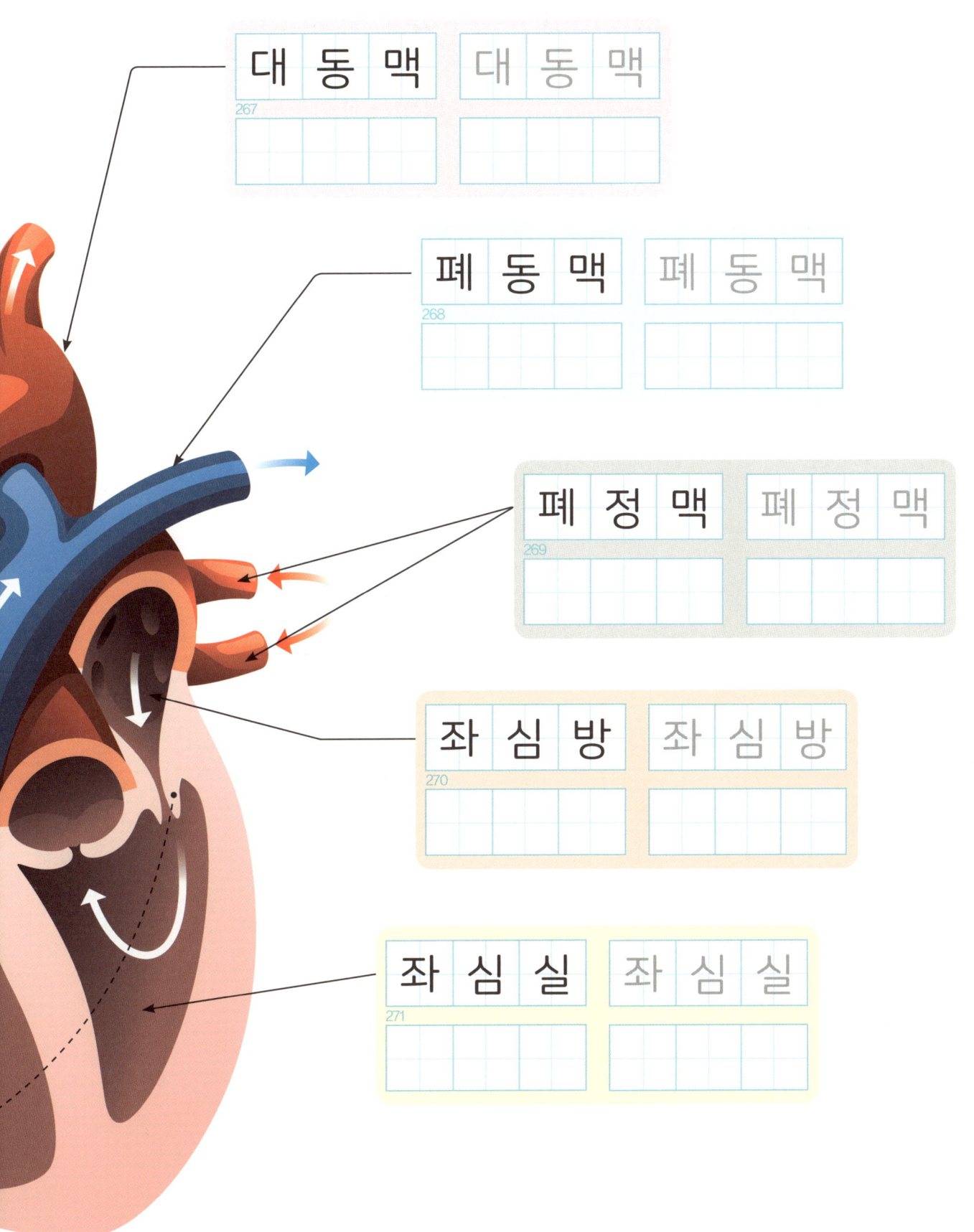

대동맥

폐동맥

폐정맥

좌심방

좌심실

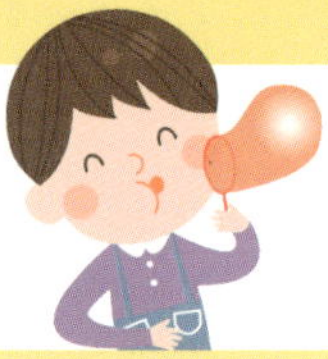

혈액의 순환 과정

- **폐순환** : 우심실 → 폐동맥 → 폐 → 폐정맥 → 좌심방
- **체순환** : 좌심실 → 대동맥 → 온몸 → 대정맥 → 우심방

혈액의 구성

• **혈액** : 사람이나 동물의 몸 안의 혈관을 돌며 산소와 영양분을 공급하고, 노폐물을 운반하는 붉은 색의 액체예요.

혈액
- 혈장
- 혈구
  - 적혈구
  - 백혈구
  - 혈소판

혈액

혈액은 혈장과 혈구로 이루어져 있습니다.

혈액은 혈장과 혈구로 이루어져 있습니다.

혈액의 기능

혈구 중 **적혈구** 에는 **헤모글로빈** 이라는 **색소** 가 있어 **붉은색** 을 띠며 **산소를 운반** 해요.

백혈구 는 우리 몸속으로 들어오는 **세균을 잡아먹어요.**

혈소판 은 피가 날 때 **피를 멈추게** 해요.

호흡 기관

- **호흡 기관 :** 숨을 쉬기 위해 산소를 들이마시고 이산화 탄소를 내보내는 기관. 코, 인두, 후두, 기관, 기관지, 폐 등이 있어요.

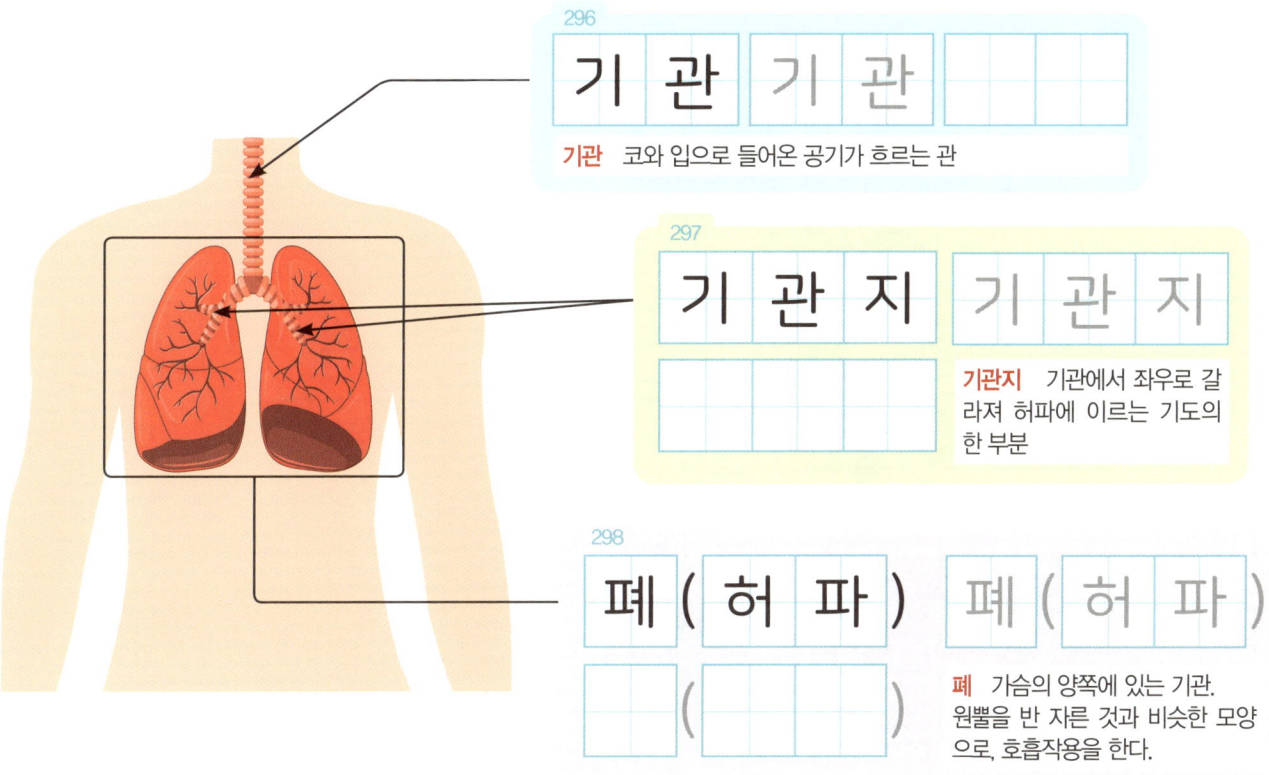

296 기관 / 기관
기관 코와 입으로 들어온 공기가 흐르는 관

297 기관지 / 기관지
기관지 기관에서 좌우로 갈라져 허파에 이르는 기도의 한 부분

298 폐(허파) / 폐(허파)
폐 가슴의 양쪽에 있는 기관. 원뿔을 반 자른 것과 비슷한 모양으로, 호흡작용을 한다.

 호흡 기관 299

폐(허파)에서는 산소를 들이마시고 이산화 탄소를 내보내는 호흡을 합니다.

폐(허파)에서는 산소를 들이마시고 이산화 탄소를 내보내는 호흡을 합니다.

배설 기관

● **배설 기관** : 몸에서 생긴 노폐물을 밖으로 내보내는 기관이에요.

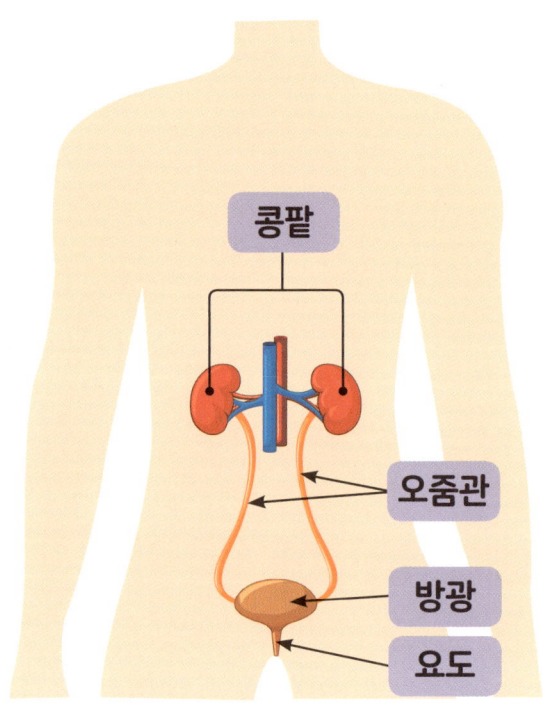

배	설	기	관
배	설	기	관

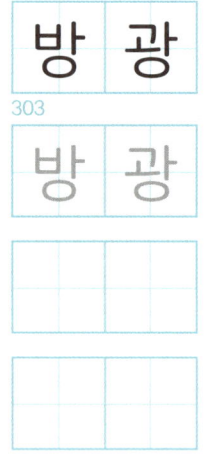

콩	팥
콩	팥

오	줌	관
오	줌	관

방	광
방	광

요	도
요	도

신경계

- **신경계** : 몸속의 상태와 바깥 환경의 변화에 반응하고 적응하는 데 관여하는 신경 조직으로 이루어진 기관. **중추신경계**, **말초신경계**, **자율신경계**로 이루어져 있어요.

신	경	계
말	초	신	경	계
중	추	신	경	계
자	율	신	경	계

뉴런

- **뉴런**: 신경세포. 신경계의 구조적·기능적 단위로, 하나의 세포체와 그 돌기인 **가지돌기**와 **축삭돌기**로 구성됩니다.

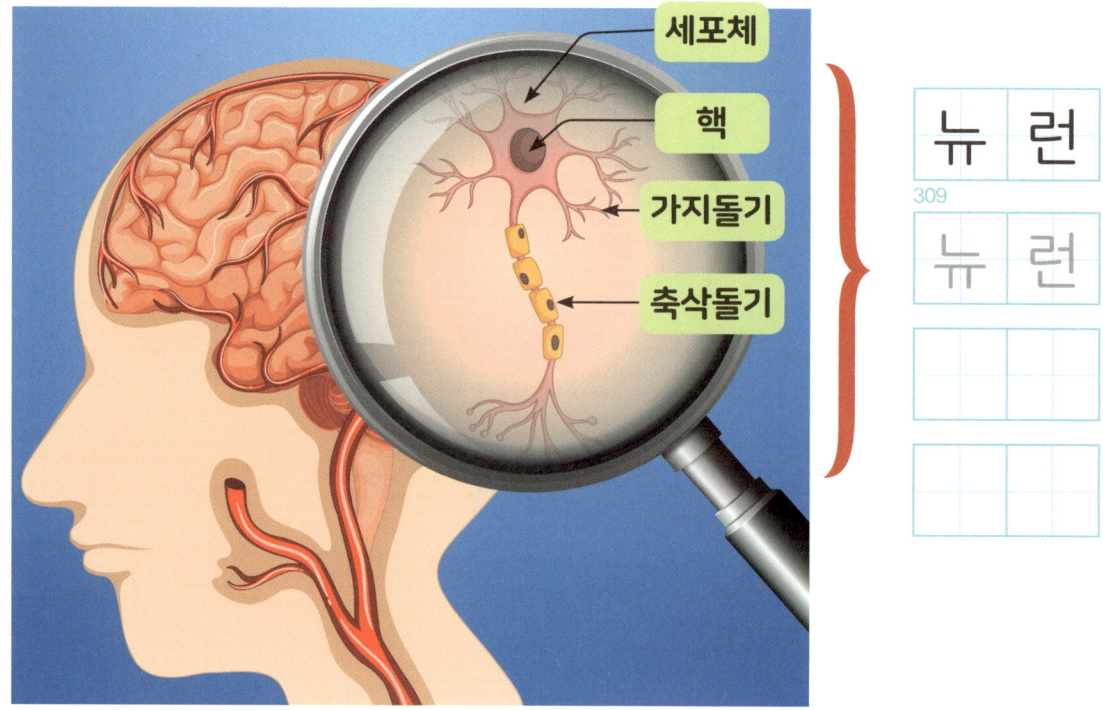

뉴런

뉴런

세포체

세포체

가지돌기

가지돌기

축삭돌기

축삭돌기

어떻게 자극이 전달되고 반응할까?

감각 기관에서 받아들인 정보

뇌 → 판단·명령 을 합니다.

위의 과정은 뉴런이라는 신경세포 를 통해 일어납니다.

물질의 상태

고체 액체 기체

물체는 **모양**이 있고 **공간**을 차지합니다.
우리 주변의 옷, 공, 신발, 연필 등을 **물체**라고 하는데, 물체들은 다양한 재료로 만들어집니다.
물체를 만드는 재료를 **물질**이라고 합니다.
우리 주변의 수많은 물질은 대체로 **고체**, **액체**, **기체**라는 세 가지 상태로 존재합니다.

	고체	액체	기체
눈으로 볼 수 있나요?	있음	있음	없음
일정한 모양이 있나요?	있음	없음	없음
손으로 만질 수 있나요?	있음	손 밖으로 빠져나감	없음
일정한 부피가 있나요?	있음	있음	없음
	초콜릿은 고체입니다.	물은 액체입니다.	우리가 지금 마시고 있는 공기는 기체입니다.

물체	물질	고체	액체	기체
316	317	318	319	320

물질의 상태 변화

- 물질에 **온도** 또는 **압력**의 변화를 주었을 때 물질의 성질은 변하지 않고 상태만 변하는 현상
- 물질의 상태 변화에는 **액화**, **기화**, **융해**, **응고**, **승화**가 있으며 대부분 온도에 의해 상태가 변화됩니다.

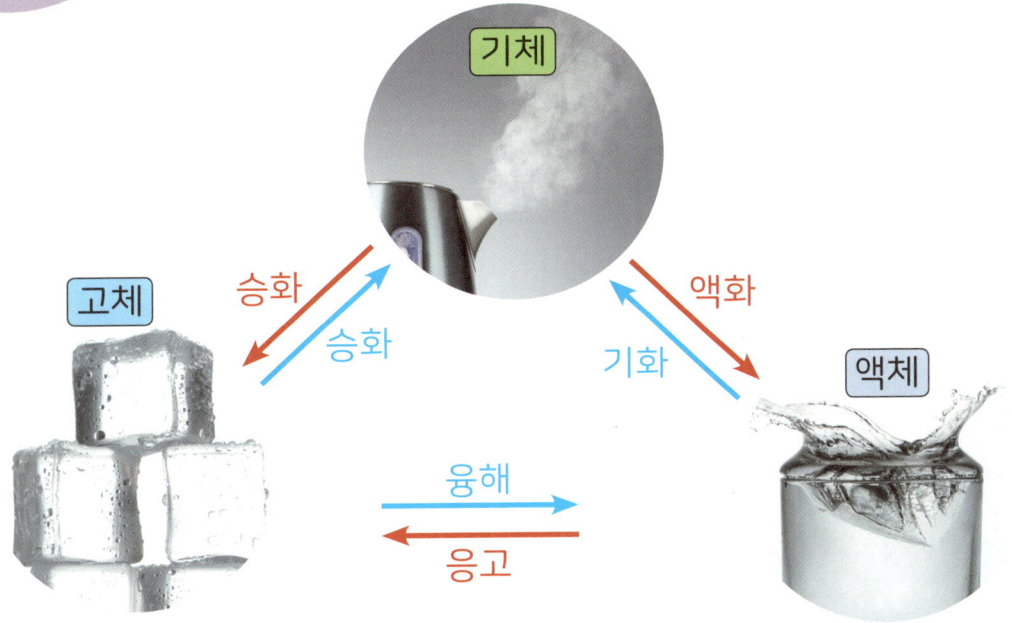

- **액화** : 기체가 냉각·압축되어 액체로 변하는 현상
- **기화** : 액체가 기체로 변함
- **융해** : 고체가 가열되어 녹아 풀어지는 현상
- **응고** : 액체 따위가 엉겨서 뭉쳐 딱딱하게 굳어짐
- **승화** : 고체에 열을 가하면 액체가 되는 일이 없이 곧바로 기체로 변하는 현상, 또는 그 반대로 바뀌는 과정

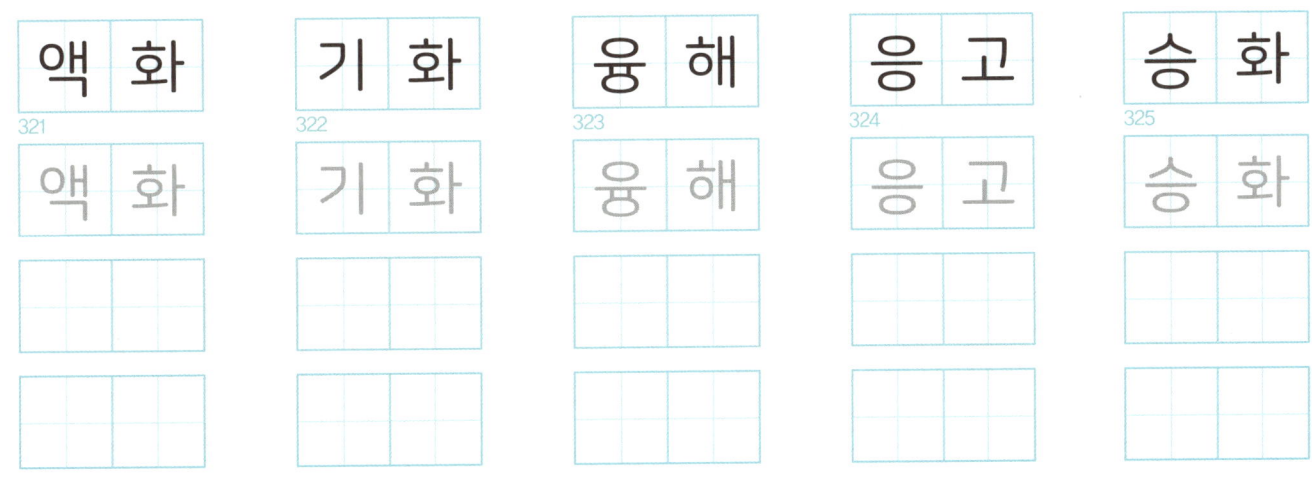

끓는점과 녹는점

- **끓는점** : 액체에서 기체로 바뀌어 끓기 시작하는 온도로, 예를 들면 물의 경우는 100℃입니다.
- **녹는점** : 고체가 액체 상태로 바뀌는 온도. 같은 물질이라도 압력에 따라 변합니다. 순수한 물질의 녹는점은 어는점과 같습니다.
- **어는점** : 액체가 얼기 시작할 때의 온도. 물은 1기압 아래에서 0℃를 이룹니다.

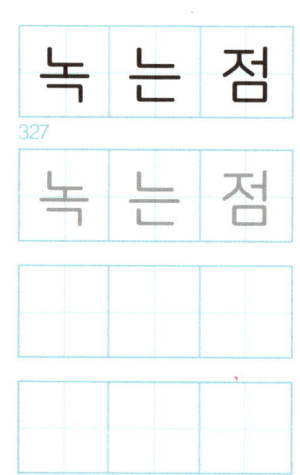

용해

- **용해** : 설탕이나 소금이 물에 녹는 것처럼 어떤 물질이 다른 물질에 녹아 섞이는 것을 말합니다(녹거나 녹이는 일).
- **용액** : 2가지 이상의 물질이 골고루 섞여 있는 액체
- **용질** : 용액에 녹는 물질
- **용매** : 어떤 액체에 물질을 녹여서 용액을 만들 때 그 녹이는 액체를 가리키는 말

'원소 기호' 따라 쓰기

물을 분해하면 수소와 산소로 나누어지는데, 수소와 산소는 더 이상 다른 물질로 분해되지 않아요. 이렇게 물질을 이루는 기본 성분을 원소라고 해요. 지금까지 알려진 원소의 종류에는 110여 가지가 있어요.

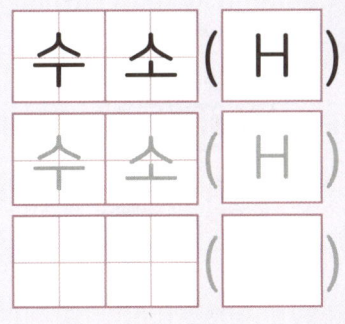  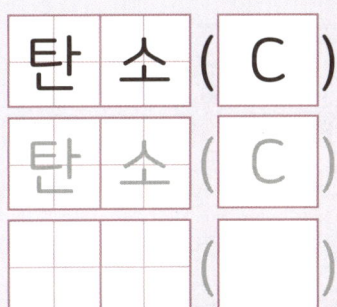

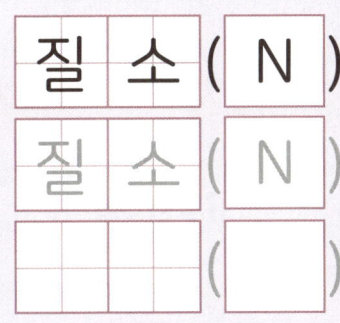 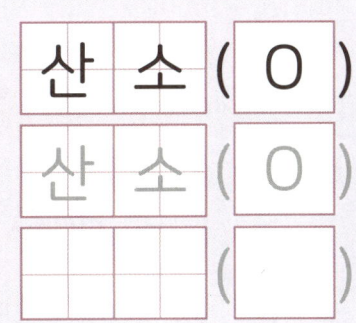 

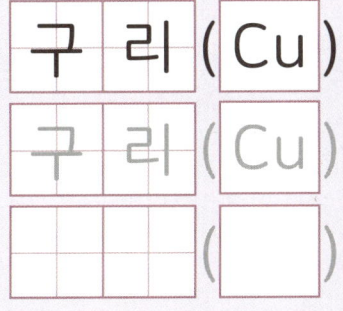

초등학생을 위한 바른 손글씨 시리즈

초등학생을 위한
바른 손글씨 한국사 330
편집부 | 8,500원 | 112쪽

초등학생을 위한
바른 손글씨 사회 330
편집부 | 8,500원 | 104쪽

초등학생을 위한
바른 손글씨 과학 330
편집부 | 8,500원 | 96쪽

무한도전 퍼즐 시리즈

무한도전 낱말퍼즐 한국사
편집부 | 8,000원 | 124쪽

무한도전 낱말퍼즐 과학
편집부 | 8,000원 | 126쪽

무한도전 한자퍼즐
편집부 | 8,000원 | 126쪽

손글씨 시리즈 | 한자를 알면 어휘가 보인다 시리즈

예쁜 손글씨에 아름다운 시를 더하다
편집부 | 8,500원 | 136쪽

우리말 손글씨
편집부 | 6,000원 | 112쪽

한자를 알면 어휘가 보인다
사자성어 200
편집부 | 7,000원 | 148쪽

한자를 알면 어휘가 보인다
기초한자 700
편집부 | 7,000원 | 136쪽

도서출판 큰그림에서는 역량 있는 저자분들의 원고 투고를 기다리고 있습니다.
big_picture_41@naver.com